Deutsch mit Liebe

Osamu Nakamura
Takuya Nakagawa
Takako Osawa

ASAHI Verlag

ドイツ語圏略地図

（▢はドイツ語使用地域）

はじめに

　本書はおもに初学者を対象とした、総合的なドイツ語教材です。
　はじめてドイツ語を学ぶみなさんには、ドイツ語に対して「むずかしい、複雑だ」、「どうやって学んでいいのかわからない」、「未知の言語」というイメージが先行している場合が多いと思われます。あるいは、「自分の専攻分野とはあまり関係がない」ものととらえている人もいることでしょう。ですが、実際にはどうでしょう？アルファベットや基本的な発音については、日本語に近いものが多く、また何気ない日常的なあいさつ表現（Guten Tag! など）には、これから学んでゆく大切な文法規則や「相手に対する思いやり」などがたくさん含まれています。むずかしいと思われる文法規則はとても理にかなったもので、ひとつひとつ段階的に学んでゆけば、「ドイツ語ならではの味わい」があってとても面白いものです。こうした思いから、本書では各課で、まず重要な文法事項を説明し、みなさんにはそれを理解して、様々なかたちの練習を通して、ひとつでも多くの表現を身につけ、最終的には自分に関する事柄を表現できるようになれる道筋が用意されています。1項目ごとに、1課ごとに、前期から後期へ、さらには初級から中級以上へ、そして学習から実践へと、常に「スムーズにつながってゆく」ドイツ語学習の一助となれば幸いです。

　本書のドイツ語タイトル „Deutsch mit Liebe" は、そのまま日本語に訳すと「愛のあるドイツ語」となります。ここには著者それぞれのドイツ語への「Liebe 愛」が様々なかたちで込められています。本書をきっかけに、みなさんがドイツ語の魅力を実感し、ドイツ語を学ぶことで「Freude 喜び」と「Hoffnung 希望」をもって新たな世界へとつながってゆけますよう、願っております。

【本書の構成】（1 ～ 10課：各課6ページ）
―はじめの見開き2ページを文法説明と確認のための練習問題
―3～5ページ目を豊富な練習問題（文法・会話・作文）
―6ページ目を多様なLesetext、文法補足、独検合格のための重要単語
学期のまとめとして、0～5課 / 6～10課、それぞれ確認問題（2ページ）
さらに後期の初回授業用として、0～5課の復習（Wiederholung）（4ページ）
またStep Upとして文法補足、そして本書で扱った文法事項を要約し、一覧できるよう配慮しました。

【本書の特徴】
　通年でドイツ語を履修する学生を念頭に置いた教材ですが、カリキュラム上前期のみ、あるいは後期から履修する学生、またブランクのある学生にも対応しやすい構成・内容となっています。
　練習問題では、バランスよく総合的に学べるよう、多彩な仕掛けがしてあります。どの練習問題にも、日常会話あるいは自己表現につながる要素を心がけました。

　最後になりましたが、本書の企画から完成に至るまで、朝日出版社編集部の山田敏之さんにはひとかたならぬお心遣いを賜りました。心より御礼申し上げます。

2018年秋
著者一同

Sommersemester

Lektion	Themen	Grammatik	文法補足等	S.
0	Hallo!	Das Alphabet Aussprache(発音)	Grundzahlen Woche Jahreszeit Monate Farben Grüße Im Deutschkurs Phrasen	2
1	Wie heißt du?	人称代名詞と不定詞・定動詞の現在人称変化 定動詞の位置・語順 seinの現在人称変化	疑問詞 否定のnicht 接続詞① 並列 und, aber, oder, sondern, denn	12
2	Was ist das?	名詞の性 名詞の格 冠詞の変化 habenの現在人称変化		18
3	Das Buch gehört mir.	名詞の複数形 男性弱変化名詞と例外的な名詞 人称代名詞の3・4格	語順 注意が必要な動詞 時計表現① -chenと lein	24
4	Fährst du nach München?	不規則動詞の現在人称変化 命令形	語幹-(e)n＋wir…! können, mögen, möchte 非人称のesの用法	30
5	Meine Familie	不定冠詞類（所有冠詞・否定冠詞） 定冠詞類	副詞的4格を用いた表現 否定疑問文とdoch	36
S	Sommersemester	前期確認問題		42

音声サイト URL

http://text.asahipress.com/free/german/mitliebe/

Wintersemester

Lektion	Themen	Grammatik	文法補足等	S.
1~5	Wiederholung	前期の復習事項 発音 動詞の人称変化（規則・不規則） 語順と疑問符 名詞の性と格、冠詞 人称代名詞の3・4格	語彙（数字・季節・月・曜日・あいさつ）	44
6	Wie komme ich zur Post?	前置詞の格支配 　2格・3格・4格支配 　3・4格支配 前置詞と定冠詞の融合形	es gibt+4格 時間と前置詞 特定の前置詞を伴う動詞 前置詞を用いた定型句	48
7	Wann stehst du morgen auf?	分離動詞 非分離動詞	時刻表現 不定詞+gehen	54
8	Kannst du gut Deutsch sprechen?	話法の助動詞 従属の接続詞1	助動詞の省略 語法の助動詞のなかまたち	60
9	Wofür interessierst du dich?	zu不定詞句 再帰代名詞と再帰動詞	sein zu 不定詞 haben zu 不定詞 体の部位を表す名詞と用いる所有の3格 相互的用法	66
10	Was hast du am Wochenende gemacht?	動詞の三基本形 過去形 現在完了形	従属の接続詞②	72
W	Wintersemester	後期確認問題		78

補足項目

Lektion	Themen	Grammatik		S.
Step Up	発展	受動態 前置詞＋人称代名詞の融合形 形容詞の語尾変化 比較表現		80
Grammatik	文法一覧	人称代名詞と動詞の人称変化 冠詞類　など		82
	主要不規則動詞変化表			86

Lektion 0 Hallo!

Das Alphabet

Aa Apfel

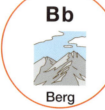
Bb Berg

Cc Cent

Dd Deutschland

Ii Igel

Jj Japan

Kk Katze

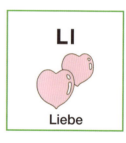
Ll Liebe

Qq Quelle

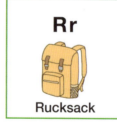
Rr Rucksack

Ss Salat

Tt Teufel

Xx Xylophon

Yy Yen

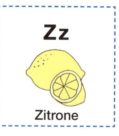
Zz Zitrone

色々な略号をドイツ語で言ってみよう！

| UFO | BMW | BRD | DDR | ICE | VW | HBF |
| ZDF | ARD | CDU | SPD | EU | USB | DFB |

Lektion 0 Hallo!

 **Ee** Essen
 **Ff** Frosch
 **Gg** Geige
 **Hh** Hund

 **Mm** Mutter
 **Nn** Nagel
 **Oo** Obst
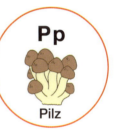 **Pp** Pilz

 **Uu** U-Bahn
 **Vv** Vater
 **Ww** Wein

 **Ää** Mädchen
 **Öö** Österreich
 **Üü** Glück
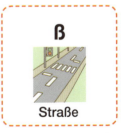 **ß** Straße

自分の名前をドイツ語の綴りで言ってみよう！

Beispiel: 榎本由理奈 → Y-U-R-I-N-A, E-N-O-M-O-T-O.

Deutschland, Österreich, Japanも綴りで読んでみましょう

Aussprache

発音の原則は3つ

ほぼローマ字のように発音する

原則として、最初の母音にアクセントがある

子音が1つのとき長く発音
haben 持っている
ハーベン

子音が2つ以上のとき短く発音
Dank 感謝
ダンク

 Übung 発音してみましょう。

1) legen　　2) Tasse　　3) kommen　　4) Kissen　　5) Bogen

 母音を発音してみよう

a	[a] Mann 男性　danken 感謝する [a:] Name 名前　Gabel フォーク		
e	[e] Bett ベット　Kette ネックレス [e:] Leben 人生　geben 与える		
i	[i] Mitte 中央　bitte どうぞ [i:] Kino 映画館　Igel はりねずみ		
o	[o] toll 素敵な　oft しばしば [o:] Mode 流行　Foto 写真		
u	[u] Luft 空気　Kunde 客 [u:] gut 良い　Mut 勇気		

+h	母音+h　＊hは読まない 母音は長く発音する gehen 行く　　fahren 行く ＊fahrenは乗り物で行く、乗る等
ä	[ɛ] Männer 男性たち　Lärm 騒音 [ɛ:] Nägel 爪（複数）　Käfer 甲虫
ö	[œ] Köln ケルン　können 出来る [ø:] Möbel 家具　mögen 好きだ
ü	[ʏ] München ミュンヘン　Hütte 小屋 [y:] Lübeck リューベック　müde 疲れた

 Übung 発音してみましょう。

1) Messe　　2) Bibel　　3) bunt　　4) Boden　　5) Nagel

注意が必要な母音

au	[aʊ]	Haus 家	Baum 木
ei	[aɪ]	Bein 脚	nein いいえ
		*Mai (5月) /Meyer (名字) /Bayern (バイエルン州)	
ie	[i:]	Liebe 愛	Biene ミツバチ
	[iə:]	Ferien 休暇	Familie 家族
	*「イエ」と発音、アクセントに注意。		
eu / äu	[ɔy]	heute 今日 / Bäume 木々	neu 新しい / träumen 夢を見る

長く発音するよ！

aa	[a:]	Aal うなぎ	Maas マース川
ee	[e:]	Tee 紅茶	Fee 妖精
oo	[o:]	Boot ボート	Moos 苔

補足 語末の eur [ø:r]
Friseur 理髪　　Ingenieur 技師
Regisseur 映画監督　*この時 eu は ö と同じ発言。

Museum [e:u] 美術館

Lektion 0 Hallo!

Übung 発音してみましょう。

1) kein　2) Leute　3) Maus　4) Miete　5) Häuser

子音を発音してみよう

下線部分の語尾に注意！

b	[p]	gelb 黄色の	halb 半分の
	[b]	Bibel 聖書	Bonn ボン
d	[t]	Hund 犬	Abend 晩
	[d]	denken 考える	dabei その際
g	[k]	Tag 日	klug 利口な
	[g]	Gift 毒	Geld お金

r	[r]	rot 赤い	regnen 雨が降る
	[ʀ]	Uhr 時計	Meer 海
er	[ɛr/e:r]	erledigen 片付ける	erst 初めに
	[ər]	Mutter 母親	aber しかし

語末の -r, -er は「ア、アー」

ig	[iç]	König 王	ruhig 静かな
ng	[ŋ]	Ring 指輪	lang 長い

ch に慣れよう！

a/o/u/au + ch	[x]	Nacht 夜　kochen 料理する　Buch 本　auch ～もまた
それ以外 + ch	[ç]	frech 厚かましい　ich 私は　Nächte 夜(pl.)　leicht 容易な　China 中国　Märchen 童話

sch	[ʃ]	schön 美しい	Englisch 英語
tsch	[tʃ]	tschüs バイバイ	Deutsch ドイツ語

sch は [シュ] と発音し、英語の sh に相当します。
Englisch(独) – English(英) / Fisch(独) – Fish(英)

語頭に注意！

sp- st-	[ʃp] **sp**ielen 遊ぶ [ʃt] **St**udent 学生	**Sp**ort スポーツ **St**raße 通り、道路	chs x	[ks] Fu**chs** キツネ La**chs** 鮭 [ks] Ta**x**i タクシー He**x**e 魔女
s+母音 それ以外	[z] **s**agen 言う [s] Gla**s** グラス	**S**ohn 息子 Mei**s**ter 親方、名人	短母音+ss それ以外+ß	[s] e**ss**en 食べる kü**ss**en キスをする gro**ß** 大きい wei**ß** 白い
pf	[pf] A**pf**el りんご **Pf**and デポジット		qu	[kv] **Qu**elle 泉 **Qu**alität 質
-ds/ts/tz/z	[ts] aben**ds** 晩に rech**ts** 右へ je**tz**t 今 **z**ehn 10			
-dt/th	[t] Sta**dt** 町、都市 **Th**eorie 理論		ti	[tsi] Na**ti**on 国家 Tradi**ti**on 伝統
j	[j] **J**apan 日本 **J**acke 上着 [ʒ] **J**ournalist ジャーナリスト **j**obben アルバイトをする *外来語		v	[f] **V**ater 父親 **V**olk 民族 [v] **V**irus ウィルス *外来語に注意
			w	[v] **W**agen 車 **W**ein ワイン **w**achsen 成長する

Übung 下線部分が同じ発音になるものを選びましょう。

1) Geb**äu**de（建造物）
 a) M**au**l b) Fris**eu**r c) F**eu**er
2) Leipz**ig**（都市名）
 a) Lin**ie** b) D**ie**b c) Ma**in**z
3) H**e**bel（レバー）
 a) B**e**cken b) T**ee** c) n**eu**
4) fin**d**en（見付ける、～と思う）
 a) Sta**dt** b) aben**d**s c) **d**enken
5) **st**udieren（専攻する、大学で勉強する）
 a) **St**imme b) mei**st** c) ge**st**ern

Übung 下線部分が他と異なる発音になるものを選びましょう。

1) a) wi**ch**tig b) e**ch**t c) fleißi**g** d) la**ch**en e) mö**ch**te
2) a) **Tsch**echien b) kla**tsch**en c) Ru**tsch** d) **Tsch**üs e) En**tsch**uldigung
3) a) Ori**g**inal b) **G**eige c) **G**ipfel d) Flu**g** e) we**g**en
4) a) Fu**ß** b) Ki**ss**en c) Dien**s**tag d) son**st** e) minu**s**
5) a) le**h**ren b) ge**h**eim c) se**h**enswert d) Heimwe**h** e) me**h**r

Grundzahlen

0	null						
1	eins	11	elf	21	einundzwanzig	101	(ein)hunderteins
2	zwei	12	zwölf	22	zweiundzwanzig	900	neunhundert
3	drei	13	dreizehn	30	dreißig	912	neunhundertzwölf
4	vier	14	vierzehn	40	vierzig	1.000	(ein) tausend
5	fünf	15	fünfzehn	50	fünfzig	10.000	zehntausend
6	sechs	16	sechzehn	60	sechzig	100.000	(ein) hunderttausend
7	sieben	17	siebzehn	70	siebzig	1.000.000	eine Million
8	acht	18	achtzehn	80	achtzig		
9	neun	19	neunzehn	90	neunzig		
10	zehn	20	zwanzig	100	(ein) hundert		

Lektion 0 Hallo!

Übung クラスメートに学籍番号や電話番号をたずねてみよう。

Wie ist deine Matrikelnummer?
Meine ist 17G016405.

Meine Matrikelnummer ist 18E007031. Und wie ist deine?

Übung 例を参考に計算してみよう。また、クラスメートに質問してみよう。

Beispiel: 5 + 11 = 16 (fünf plus elf ist sechzehn)
          30 − 9 = 21 (dreißig minus neun ist einundzwanzig)

▶ + : und / plus
▶ − : minus
▶ = : ist

1) 12 + 29 = _____
2) 68 + 35 = _____
3) 84 − 15 = _____
4) 53 − 48 = _____

Die Woche hat sieben Tage!

 Die Woche

Wochenende

Montag / Dienstag / Mittwoch / Donnerstag / Freitag / Samstag / Sonntag
Mo. / Di. / Mi. / Do. / Fr. / Sa. / So.

  Jahreszeit und Monate

am Montag : 月曜日に
montags = jeden Montag : (毎) 月曜日に

im April : 4月に
im Frühling : 春に

jeden Tag : 毎日
jede Woche : 毎週
jeden Monat : 毎月
jedes Jahr : 毎年

  Farben

grün rot blau weiß schwarz gelb braun hellblau dunkelblau grau

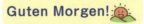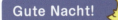

Im Deutschkurs

♂ Herr ♀ Frau

Name:
Beruf:
Herkunft:
Wohnort:
Hobby:

Julia
Studentin
Mannheim, Deutschland
Berlin, Deutschland
Tanzen

Herr Karl Steiner
Professor
Bern, die Schweiz
Heidelberg, Deutschland
Spazieren gehen

Frau Lena Jelinek
Rechtsanwältin
Wien, Österreich
Frankfurt, Deutschland
Shoppen

Paul Fischer
Student
Potsdam, Deutschland
München, Deutschland
Fußball

Land			Nationalität	
			männlich	weiblich
日本	🇯🇵	Japan	Japaner	Japanerin
ドイツ	🇩🇪	Deutschland	Deutscher	Deutsche
オーストリア	🇦🇹	Österreich	Österreicher	Österreicherin
スイス	🇨🇭	die Schweiz	Schweizer	Schweizerin
フランス	🇫🇷	Frankreich	Franzose	Französin
イギリス	🇬🇧	England	Engländer	Engländerin
アメリカ	🇺🇸	Amerika	Amerikaner	Amerikanerin
スペイン	🇪🇸	Spanien	Spanier	Spanierin
韓国	🇰🇷	Korea	Koreaner	Koreanerin
中国	🇨🇳	China	Chinese	Chinesin

Lektion 0 — Hallo!

Phrasen

Sprechen Sie!

Schreiben Sie!

Lesen Sie!

Hören Sie!

Fragen Sie!

Antworten Sie!

Keine Ahnung!
Wie bitte?

Also...

Genau!
Richtig!

Lektion 1 Wie heißt du?

1 人称代名詞と不定詞・定動詞の現在人称変化

動詞の基本となる形は不定詞（または不定形）と呼ばれ、語幹と語尾（-en または -n）からできています。

不定詞		語幹	+	語尾
komm**en**（来る）	→	komm	+	en

ここが変化するよ!! sammelnのような動詞もあるよ！

主語の人称、数（単・複数）によって語尾が変化し、この変化した形を定動詞（または定形）と呼びます。

komm － en → Ich komm**e** aus Japan. 私は日本から来ました。

	単数(sg.)			複数(pl.)		
1人称	ich 私は	-e	komm**e**	wir 私たちは	-en/-n	komm**en**
2人称（親称）	du 君は	-st	komm**st**	ihr 君たちは	-t	komm**t**
3人称	er / sie / es 彼は 彼女は それは	-t	komm**t**	sie 彼らは、それらは	-en/-n	komm**en**
2人称（敬称）	Sie あなた［方］は	-en/-n				komm**en** *単複同形

頭文字は常に大文字

語尾に注意しよう

語幹が -d, -t, -chn, -ffn, -gn などで終わるとき、2人称単数du、3人称単数、2人称複数ihrの語幹と語尾の間に「口調の-e-」をいれます。arbeiten, finden, öffnen等

arbeiten : du arbeit**e**st
働く　　　 er/ihr arbeit**e**t

語幹の語尾が -s, -ss, -ß, -z の時、2人称単数duの語尾は、-tとなります。reisen, küssen, heißen, tanzen等

heißen : du heiß**t**
（～という）名前である

2つの2人称

2人称親称 du/ihr 君/君たち
親しい間柄。
親子、友人、恋人、学生同士、子供、動物、神様などに用います。

2人称敬称 Sie あなた、あなた方
立場が異なる間柄、距離を置いている間柄、初対面の相手などに用います。

練習　以下の動詞を人称変化させましょう。

	spielen 遊ぶ	machen ～する	studieren 大学で学ぶ、専攻する	finden 見付ける、思う	reisen 旅する
ich					
du					
er					
wir					
ihr					
sie/Sie					

Grammatik

2 定動詞の位置・語順

❶ 平叙文では、定動詞は2番目に置かれます。

Ich **komme** aus Berlin. 　　　私はベルリンから来ました。
Aus Berlin **komme** ich. 　　　ベルリンから私は来ました。
　　　強調

❷ 「はい」「いいえ」で答える疑問文（決定疑問文）では、定動詞は文頭に置かれます。

Kommst du aus Berlin? 　　　君はベルリンから来たの？
　-**Ja**, ich komme aus Berlin. 　　　–はい、私はベルリンから来ました。
　-**Nein**, ich komme **nicht** aus Berlin. 　　　–いいえ、私はベルリンから来たのではありません。
　-**Nein**, ich komme aus Hamburg. 　　　–いいえ、私はハンブルクから来ました。

❸ 疑問詞を用いる疑問文（補足疑問文）では、定動詞は2番目に、疑問詞が文頭に置かれます。

Woher **kommst** du? 　　　–君はどこから来たの？
　- Ich **komme** aus Berlin. 　　　–私はベルリンから来ました。

| was | 何が、何を | wer | 誰が | wann | いつ | wie | どのように |
| wo | どこで | woher | どこから | wohin | どこへ | warum | なぜ |

練習 日本語に合うように（　）には人称代名詞を、下線には動詞を人称変化させて入れましょう。

1) ＿＿＿＿＿（　）jetzt in Berlin? 　　　彼はいまベルリンに住んでいますか？ **wohnen**
　- Ja, (　) ＿＿＿＿＿ jetzt in Berlin. 　　　はい、彼はいまベルリンに住んでいます。
2) ＿＿＿＿＿（　）aus Japan? 　　　君たちは日本から来たのですか？ **kommen**
　- Nein, (　) ＿＿＿＿＿ aus Korea. 　　　いいえ、私たちは韓国から来ました。
3) Was ＿＿＿＿＿（　）gern? 　　　君は何をするのが好き？ **machen**
　- (　) ＿＿＿＿＿ gern Tennis. 　　　僕はテニスをするのが好き。 **spielen**

nicht（英 *not*）：～ではない
Er ist freundlich. 　　　彼は親切です。
Er ist **nicht** freundlich. 　　　彼は親切ではない。

gern（副詞）：喜んで、好んで
Er spielt **gern** Fußball. 　　　彼はサッカーをするのが好きだ。
Er spielt **nicht gern** Fußball. 　　　彼はサッカーをするのが好きではない。

3 seinの現在人称変化

sein ～である (engl. *be*)			
ich	bin	wir	sind
du	bist	ihr	seid
er	ist	sie	sind
Sie	sind		

Bist du Student? 　　　君は大学生ですか？

-Ja, ich **bin** Student. 　　　はい、（私は）大学生です。
-Nein, ich **bin** noch Schüler. 　　　いいえ、（私は）まだ生徒です。
▶Schüler: (高校生以下の)生徒

練習 （　）に人称代名詞、下線にseinを適切な形に直して入れましょう。

1) ＿＿＿＿＿（　）Schüler?　- Nein, (　) ＿＿＿＿＿ Studenten.
　君たちは生徒ですか？　　　いいえ、僕たちは大学生です。
2) ＿＿＿＿＿（　）müde?　- Ja, (　) ＿＿＿＿＿ sehr müde.
　君は疲れているの？　　　うん、僕はとても疲れているよ。
3) Wo ＿＿＿＿＿（　）jetzt?　- Jetzt ＿＿＿＿＿（　）in Mannheim.
　あなたは今どこにいらっしゃいますか？　　　今 私はマンハイムにいます。

Übungen

文法練習 1　次の質問に答えましょう。

1) Woher kommt ihr?　　　　　　　　　　　君たちはどこから来たの？
   - _____ aus Salzburg.　私たちはザルツブルクから来ました。
2) Wohnt Emma jetzt in Freiburg?　　　　　エマは今フライブルクに住んでいますか？
   - _____ in Bonn.　　　いいえ、今 彼女はボンに住んでいます。
3) Wo arbeitet Frau Schmidt?　　　　　　　シュミットさんはどこで働いていますか？
   - _____ in Dresden.　彼女は今ドレスデンで働いています。
4) Studierst du in Berlin Jura?　　　　　　君はベルリン（の大学）で法学を専攻しているの？
   - _____ .　　　　　　うん、僕は法学を専攻しているよ。
5) Was hören Sie gern?　　　　　　　　　　あなたは何を聴くのが好きですか？
   - _____ Klassik.　　　私はクラシックを聴くのが好きです。

補足の表現

年齢をたずねる　Wie alt ... ?
Wie alt bist du?　あなたは何歳ですか？
- **Ich bin 18 Jahre alt.**　私は18歳です。
*…Jahre alt（engl. years old）
*wie + 形容詞（engl. how）：どのくらいの〜？

職業をたずねる　von Beruf
Was sind Sie von Beruf?
　　　　　　　　あなたのご職業は何ですか？
- **Ich bin Lehrer.**
　　　　　　　　私は教師です。

 クラスメートや友だちに年齢や職業をたずねてみましょう。Wie alt bist du? / Was … ?

文法練習 2　次のドイツ語の文章には語順や人称変化について、1つの誤りがあります。
　　　　　　　例を参考に誤りに下線を付け、正しく書き直しましょう。また、和訳しましょう。

例）　　Wo du wohnst jetzt?（wohnen 住んでいる）

　　⇒ Wo wohnst du jetzt?　　訳）君は今どこに住んでいるの？

1) Jetzt ich wohne in Berlin.（wohnen 住んでいる）＊jetzt は文頭に置くこと
   ⇒ _____
   訳）_____
2) Wohin gehen er?（gehen 行く）
   ⇒ _____
   訳）_____
3) Sein Sie Japaner?（sein 〜である）
   ⇒ _____
   訳）_____
4) Herr Nakagawa aus Tokyo kommt.（kommen 来る）
   ⇒ _____
   訳）_____
5) Wie heißst du?（heißen 〜と言う名前である）
   ⇒ _____
   訳）_____

A

25

会話練習 （　）に適切な疑問詞を入れ、以下の人物になって答えましょう。

Name : Thomas Fischer (Student)
Herkunft: Berlin, Deutschland
Wohnort: Freiburg, Deutschland
Studienfach: Biologie ▶生物学
Alter: 19　Hobby: Fußball

下の会話を参考に、友達と練習してみよう！

Lektion 1　Wie heißt du?

- Wie heißt du?
- (　　) kommst du?
- (　　) wohnst du jetzt?
- (　　) studierst du?
- (　　) alt bist du?
- (　　) machst du gern?

自分の情報も書き出してみよう。また、クラスメートにインタビューしてみよう。

 Hallo, ich heiße Yurina. Wie heißt du?　　 Hallo, Ich heiße ...　　Mein Name ist Yurina. Ich bin Yurina.

Danke, tschüs!

	ich	Partner 1	Partner 2
Name			
Wohnort			
Herkunft			
Studienfach			
Alter			

Beruf		
	👨	👩
学生	Student	Studentin
教師	Lehrer	Lehrerin
会社員	Angestellter	Angestellte
公務員	Beamter	Beamtin
医者	Arzt	Ärztin

Studienfächer	
Informatik 情報学	BWL 経営学
Medizin 医学	Technik 工学
Jura 法学	Chemie 化学
Geschichte 歴史	Literaturwissenschaften 文学
Psychologie 心理学	Elektrotechnik 電気工学
Architektur 建築	
Bauingenieurwesen 土木工学	

26
27

15

B

会話・作文練習 1

28

音声を聞いて、次の人物についての質問に答えましょう。

a) Name: _____
Herkunft: _____
Wohnort: _____
Studienfach: _____
Alter: _____

b) Name: _____
Herkunft: _____
Wohnort: _____
Studienfach: _____
Alter: _____

a) Wie heißt er? _____
Woher kommt er? _____
Wo wohnt er jetzt? _____
Ist er Student? _____
Was studiert er? _____
Wie alt ist er? _____

b) Wie heißt sie? _____
Woher kommt sie? _____
Wo wohnt sie jetzt? _____
Ist sie Lehrerin? _____
Was studiert sie? _____
Wie alt ist sie? _____

会話・作文練習 2

例を参考に、会話・作文練習1の人物a), b)について紹介文を書きましょう。

Beispiel

Karl Steiner (45)
Professor
Bern, die Schweiz
Heidelberg, Deutschland
surfen

Das ist Herr Steiner.
Er kommt aus Bern und wohnt jetzt in Heidelberg.
Dort arbeitet er als Professor.
Er ist 45 Jahre alt.
Er surft sehr gern.

a) _____

b) _____

インタビューした内容を使って、パートナーの紹介をしよう！

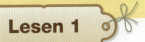

Selbstvorstellung

Hallo, ich heiße Yurina Enomoto. Ich komme aus Japan, aus Tokyo. Jetzt wohne ich in München. Ich studiere hier Psychologie und lerne fleißig Deutsch. Meine Hobbys sind Lesen und Reisen. Ich sehe auch sehr gern Fußball. Mein Lieblingsverein ist FC Bayern München. Ich liebe München!

接続詞① 並列

語や句、また文と文などを対等に結びつける接続詞を並列の接続詞といいます。

| und そして | aber しかし | oder または | sondern そうではなくて | denn というのは |

Tag und Nacht　　　　　　　　　　　　　昼と夜
Sie ist klug und hübsch.　　　　　　　　彼女は賢く、そして可愛い。
Marie kommt nicht heute, sondern morgen.　マリーは今日ではなくて、明日来ます。
Er ist Student, aber ich bin schon Angestellter.　彼は学生であるが、私はもう会社員だ。

並列の接続詞は語順に影響しません。

この課で覚えるべき単語10個（補足）　*これ以外に、使用頻度の高かった単語も覚えよう!!
目指せ、独検（「ドイツ語技能検定」）5級合格!!

Student/-in	学生	lernen	
Lehrer/-in		heißen	～という名前である
Jura		spielen	
woher	どこから	arbeiten	働く
aus		gern	

Lektion 2　Was ist das?

1　名詞の性

ドイツ語では、単数名詞に男性、女性、中性という「文法上の性」の区別があり、性に応じて名詞につく冠詞の形が異なります。

男性→er
der / ein
Kugelschreiber
Radiergummi

女性→sie
die / eine
Armbanduhr
Brille

中性→es
das / ein
Wörterbuch
Heft

2　名詞の格

名詞の前に置かれる冠詞は、名詞の文中における役割（例えば主語、目的語など）によって変化します。名詞と冠詞の文中における役割を「格」といい、そのために語形が変化することを「格変化」と呼びます。

格	意味	例文	訳
1格	「～は/が」	Der Mann ist Arzt.	その男性は　医者です。
2格	「～の」	Das Auto des Mannes ist neu.	その男性の　車は新しいです。 2格は後ろから！
3格	「～に」	Ich danke dem Mann.	私はその男性に　感謝します。
4格	「～を」	Ich kenne den Mann.	私はその男性を　知っています。

3　冠詞の変化

1) 定冠詞　英語の the に相当します。「その～」「あの～」という意味を持っています。

	男性	女性	中性	複数
1格	der Mann	die Frau	das Kind	die Kinder
2格	des Mann(e)s	der Frau	des Kind(e)s	der Kinder
3格	dem Mann	der Frau	dem Kind	den Kindern
4格	den Mann	die Frau	das Kind	die Kinder

 男性名詞と中性名詞の2格には原則として -s または -es が付きます。

複数3格には原則として -n が付きます。　参 Lektion 4

辞書の使い方
der Mann [man マン]
男、夫
男　Mann(e)s / Männer
　　単数2格　　複数形

練習　定冠詞と名詞を格変化させましょう。

	男性	女性	中性
1格	der Vater（父親）	die Mutter（母親）	das Mädchen（少女）
2格			
3格			
4格			

2) 不定冠詞　英語の a, an に相当します。「ひとつの～」「ある～」という意味を持っています。

	男性	女性	中性	複数
1格	ein Kugelschreiber	eine Uhr	ein Buch	— Bücher
2格	eines Kugelschreibers	einer Uhr	eines Buch(e)s	— Bücher
3格	einem Kugelschreiber	einer Uhr	einem Buch	— Büchern
4格	einen Kugelschreiber	eine Uhr	ein Buch	— Bücher

 不定冠詞は複数形には付きません（無冠詞）。

Grammatik

練習 不定冠詞と名詞を格変化させましょう。

	男性	女性	中性
1格	ein Ordner (ファイル)	eine Schere (ハサミ)	ein Heft (ノート)
2格			
3格			
4格			

練習 下線部に定冠詞 (d-) または不定冠詞 (e-)、あるいは名詞の正しい語尾を補いましょう。

1) Das ist d____ Lehrbuch d_____ Freund____.
   これは友達 (r) の教科書 (s) です。

2) D____ Mädchen antwortet d_____ Mutter.
   その少女 (s) は母親 (e) に答えます。

3) D____ Mann dankt d_____ Kinder____ herzlich.
   その男性 (r) はその子供たち (pl.) に心から感謝します。

4) D____ Frau kauft d_____ Sohn e____ Fernseher.
   その女性は息子にテレビ (r) を買います。

5) D____ Vater d_____ Studentin ist Zahnarzt.
   その学生 (e) の父親 (r) は歯科医です。

6) Er schenkt d_____ Freundin e_____ Tasche und e_____ Blumenstrauß.
   彼は友達 (e) にバッグ (e) と花束 (r) を贈ります。

▶ **das** (指示代名詞):「これは」「それは」

文法補足だよ

前に出てきた名詞は、人・物に関わらず、性に合った人称代名詞で言い換えることができるよ。

Dort steht ein Mann. Kennst du den Mann?
 - Ja, er ist Herr Fischer.
Hier ist eine Brille. Ist die Brille teuer?
 - Nein, sie ist billig.

4 habenの現在人称変化

haben 「～を持っている」という意味になり、4格をとります。
＊4格をとる動詞を「他動詞」と呼びます。

haben ～を持っている (engl. have)			
ich	habe	wir	haben
du	hast	ihr	habt
er	hat	sie	haben
Sie	haben		

Hast du jetzt Zeit? 　　君は今時間がある（～をもっている）？
 - Ja, jetzt habe ich Zeit. 　はい、今　私は時間があります。
 - Nein, ich habe keine Zeit. いいえ、私は時間がありません。

 kein「〔一つも、一人も〕…ない」(engl. no)
不定冠詞 ein と同じ変化をする。参Lek. 5

練習 ( ) に人称代名詞、下線にhabenを適切な形に直して入れましょう。

1) _____ ( ) Hunger? - Ja, ( ) _____ jetzt Hunger.
   君は空腹なの？　　　　　　　　うん、僕は今お腹が減っているよ。　▶Hunger 男:空腹

2) _____ ( ) Fieber? - Nein, ( ) _____ kein Fieber.
   彼は熱がありますか？　　　　　いいえ、彼は熱がありません。　　　▶Fieber 中:熱

3) _____ ( ) eine Uhr? - Nein, ( ) _____ keine Uhr.
   （あなたは）時計をお持ちですか？ いいえ、私は時計を持っていません。 ▶Uhr 女:時計

Lektion 2 Was ist das?

Übungen

文法練習 1 例を参考に質問に答えましょう。

① 例) Was ist das? - Das ist *ein* Rucksack.
　　これは何ですか？　これはリュックサック（男）です

1) Was ist das?　-　Das ist ＿＿＿＿＿ Handy.
2) Was ist das?　-　Das ist ＿＿＿＿＿ Brille.
3) Was ist das?　-　Das ist ＿＿＿＿＿ Regenschirm.
4) Was ist das?　-　Das sind ＿＿×＿＿ Hefte.

② 例) Hast du *ein* Wörterbuch?　- Ja, ich habe *ein* Wörterbuch.
　　君は辞書（中）を持っていますか？　はい、私は辞書を持っています。
　　　　　　　　　　　　　　　　　　- Nein, ich habe *kein* Wörterbuch.
　　　　　　　　　　　　　　　　　　いいえ、私は辞書を持っていません。

1) Hast du ＿＿＿＿＿ Laptop?　- Ja, ich habe ＿＿＿＿＿ Laptop.
2) Hast du ＿＿＿＿＿ Tasche?　- Ja, ich habe ＿＿＿＿＿ Tasche.
3) Hast du ＿＿＿＿＿ Stifteetui?　- Nein ich habe ＿＿＿＿＿ Stifteetui.
4) Hast du ＿＿＿＿＿ Bleistifte?　- Nein ich habe ＿＿＿＿＿ Bleistifte.

文法練習 2　d 部分には定冠詞を、e 部分には不定冠詞の正しい語尾を書き入れましょう。
　　　　　　　また、(　) には適切な人称代名詞を入れましょう。　Hallo!!

1) Kennen Sie d＿＿＿ Mann da?　　　　　　あの男性を知っていますか？
　- Ja, (　　) ist Herr Bachmann.　　　　はい、彼はバッハマン氏です。
2) Ist das e＿＿＿ Kamera?　　　　　　　　これはカメラですか？
　- Ja, das ist e＿＿＿ Digitalkamera.　　はい、これはデジタルカメラです。
　(　　) ist sehr praktisch.　　　　　　それは、とても実用的です。
3) Wem schenkst du d＿＿＿ T-Shirt?　　　君は誰にそのTシャツを贈るの？
　- Ich schenke e＿＿＿ Freund d＿＿＿ T-Shirt.　私は友達にそのTシャツを贈ります。
4) D＿＿＿ Mädchen dankt e＿＿＿ Studentin.　その少女はある学生に感謝します。
　(　　) ist Lena.　　　　　　　　　　　彼女はレーナです。
5) Ich kaufe d＿＿＿ Fernseher.　　　　　私はそのテレビを買います。
　(　　) ist sehr teuer.　　　　　　　　それはとても高いです。

文法練習 3　次のドイツ語の文章には語順、動詞の人称変化、冠詞の格変化について、1つの誤りがあります。例を参考に誤りに下線を付け、
　　　　　　　正しく書き直しましょう。また、和訳しましょう。　間違いを見付けよう

例)　Hast du einen Armbanduhr?
　⇒ Hast du eine Armbanduhr?　訳) 君は腕時計を持っていますか？

1) Frau Koch dankt der Mädchen.　　　(danken 感謝する)
　⇒ ＿＿＿＿＿＿＿＿＿＿＿＿＿＿＿＿＿＿＿＿＿＿＿＿＿＿＿
　訳) ＿＿＿＿＿＿＿＿＿＿＿＿＿＿＿＿＿＿＿＿＿＿＿＿＿＿

2) Wem schenkst du der Rucksack?　　(schenken ～に…を贈る、プレゼントする)
　⇒ ＿＿＿＿＿＿＿＿＿＿＿＿＿＿＿＿＿＿＿＿＿＿＿＿＿＿＿
　訳) ＿＿＿＿＿＿＿＿＿＿＿＿＿＿＿＿＿＿＿＿＿＿＿＿＿＿

3) Alex hat ein Schwester.　　　　　　(haben ～を持っている)
　⇒ ＿＿＿＿＿＿＿＿＿＿＿＿＿＿＿＿＿＿＿＿＿＿＿＿＿＿＿
　訳) ＿＿＿＿＿＿＿＿＿＿＿＿＿＿＿＿＿＿＿＿＿＿＿＿＿＿

4) Wie findt du das Auto?　　　　　　 (finden ～を…と思う)
　⇒ ＿＿＿＿＿＿＿＿＿＿＿＿＿＿＿＿＿＿＿＿＿＿＿＿＿＿＿
　訳) ＿＿＿＿＿＿＿＿＿＿＿＿＿＿＿＿＿＿＿＿＿＿＿＿＿＿

5) Das Buch des Lehrer ist neu.　　　(neu 新しい形)
　⇒ ＿＿＿＿＿＿＿＿＿＿＿＿＿＿＿＿＿＿＿＿＿＿＿＿＿＿＿
　訳) ＿＿＿＿＿＿＿＿＿＿＿＿＿＿＿＿＿＿＿＿＿＿＿＿＿＿

　　Wie finden Sie ～?　～をどう思いますか？ — Ich finde ～ ….　私は～を…と思います。

Sprechen / Schreiben / Hören

A

会話練習 1　語彙を参考にドイツ語で会話してみましょう。

🎧 30

1) Was ist das?
   これは何ですか？

   Das ist　ein _____.
   　　　　 eine _____.
   　　　　 ein _____.
   これは　／　／　／　です。

2) Wie heißt _____ auf Deutsch?
   _____ をドイツ語で何と言いますか？

   _____.
   _____.
   _____.
   　／　／　／　（です）。

例えば…　ファイル ⇒ ein Ordner　　バッグ ⇒ eine Tasche　　本 ⇒ ein Buch

3) Wie heißt das auf Deutsch?
   これはドイツ語で何と言いますか？
   Ist das ein/eine/ein _____?
   これは_____ですか？

   Nein, das ist ein/eine/ein _____.
   いいえ、これは　／　／　／　です。
   Das ist mein/meine/mein _____.
   これは わたしの ／　／　／　です。

4) Ist　der _____ teuer?
   　　 die _____ neu?
   　　 das _____ praktisch?
   この_____は 高い/新しい/実用的 ですか？

   Ja, er (=der _____) ist teuer.
   　　 sie (=die _____) ist neu.
   　　 es (=das _____) ist praktisch.
   はい、それは 高い/新しい/実用的 です。

einの頭文字にmやdを加えるとmein「私の〜」　dein「君の〜」(Lek. 5)

5) Was kaufst du?
   何を買いますか？

   Ich kaufe d____ (　　　).
   　　　　　d____ (　　　).
   　　　　　d____ (　　　).
   私は、　／　／　／　を買います。

Maskulinum (m / r / 男)		Femininum (f / e / 女)		Neutrum (n / s / 中)	
男性名詞　der/ein/kein/mein		女性名詞　die/eine/keine/meine		中性名詞　das/ein/kein/mein	
Bleistift	鉛筆	Armbanduhr	腕時計	Auto	車
Druckbleistift	シャープペン	Brille	眼鏡	Buch	本
Fernseher	テレビ	Katze	猫	Stifteetui	ペンケース
Laptop	ノートパソコン	Sonnenbrille	サングラス	Fahrrad	自転車
Ordner	ファイル	Tasche	バッグ、カバン	Foto	写真
Radiergummi	消しゴム	Uhr	時計	Handy	携帯電話
Regenschirm	(雨) 傘	Zeitung	新聞	Lehrbuch	教科書
Rucksack	リュックサック			Portemonnaie	財布
Stuhl	椅子			Sofa	ソファ
Tisch	机、テーブル			Wörterbuch	辞書

会話練習 2　会話練習1を参考にして、クラスメートに質問してみましょう。

Was hast du dabei?
何を持っているの？

Ich habe _____, _____, _____ und _____.

	ich	Partner 1	Partner 2
Name			
持ち物1			
持ち物2			
持ち物3			
持ち物4			
持ち物5			

Lektion 2　Was ist das?

B Sprechen / Schreiben / Hören

会話・作文練習 1
下の会話やイラストを参考にして、会話をしてみましょう。

Bikini　Kleid　Hose　Rock　Mütze
Sandalen　Halskette　Stiefel　Tasche　Pumps
Schal　Hut　Socken　T-Shirt
Hemd　Tasche　kurze Hose　Armbanduhr　Turnschuhe

Was kaufst du?
Ich möchte einen Rock.

möchte「〜が⁴欲しい」（参：Lek.8）

ich	möchte	wir	möchten
du	möchtest	ihr	möchtet
er	möchte	sie/Sie	möchten

Guten Tag! Bitte schön?
Wie finden Sie den Rock hier?
Ich suche einen Rock.
Er kostet 30 Euro.
Ich finde den Rock sehr schön. Was kostet er?

会話・作文練習 2
音声を聞き、それぞれのカードを参考にして、作文しましょう。

▶ in der Tasche カバンの中に

Yurina
Lehrbuch
drei Hefte
Taschentuch
Brille
Laptop

A: Was hat Yurina in der Tasche?
B: In der Tasche hat sie ein Lehrbuch, drei Hefte, ein Taschentuch, eine Brille und einen Laptop.
A: Wirklich? Hat sie immer so viel dabei?
B: Ja...

Seiya
zwei Lehrbücher
Handy
Zeitung
Wörterbuch
Regenschirm

① 主語をduとichに変えて、もう一度作文してみましょう。
② 21ページの語彙を参考に、クラスメートとバッグやリュックの中（im Rucksack）の持ち物について会話しましょう。

Lesen 2

Kaufhaus

Heute gehe ich mit Lena shoppen. Ich suche einen Rucksack, einen Rock und ein T-Shirt. Lena braucht aber einen Kugelschreiber, eine Schere und ein Heft. Also gehen wir zum Kaufhaus „Galeria Kaufhof". Das Kaufhaus hat Abteilungen für Damenbekleidung und auch für Schreibwaren. Vorher gehen wir noch ins Café. Lena und ich essen sehr gern Kuchen und Torten. Ich nehme heute eine Sachertorte!

補足の表現 ①　疑問代名詞

疑問代名詞wer（誰）、was（何）は次のように変化します。

	人	物・事
1格	wer	was
2格	wessen	
3格	wem	
4格	wen	was

Wer steht da?　　そこに立っているのは誰ですか？
Wessen Auto ist das?　これは誰の車ですか？
Wem schenkst du das Bilderbuch?
　　　　　　君は誰にその絵本をプレゼントするの？
Wen liebst du?　　君は誰を愛しているの？
Was ist das?　　これは何ですか？
Was trinken Sie?　あなたは何を飲みますか？

補足の表現 ②　テキストや辞書などで用いられる略号

jm (jemandem)：人の3格「〜に」を表す　　**et³ (etwas)**：物・事の3格「〜に」を表す
jn (jemanden)：人の4格「〜を」を表す　　**et⁴ (etwas)**：物・事の4格「〜を」を表す

この課で覚えるべき単語10個（補足）　*これ以外に、使用頻度の高かった単語も覚えよう!!
目指せ、独検（「ドイツ語技能検定」）5級合格!!

Bleistift		danken	
Brille	メガネ	finden	
Freund/-in		kaufen	買う
Hunger		kennen	
neu	新しい	teuer	高い

Lektion 3 — Das Buch gehört mir.

1 名詞の複数形

ドイツ語の複数形は単語ごとにそれぞれ決まった以下の5つのパターンがあります。語によってはさらに母音をウムラウトさせるものもあります。

> ウムラウトする複数形もあるね

	変音しない		変音する	
	単数	複数	単数	複数
無語尾	Wagen	→ Wagen▲	Bruder	→ Brüder▲
-e	Geschenk	→ Geschenke	Baum	→ Bäume
-er	Lied	→ Lieder	Buch	→ Bücher
-(e)n	Tasche Zeitung	→ Taschen → Zeitungen	変音しない *女性名詞が多い	
-s	Auto Restaurant	→ Autos → Restaurants	変音しない *外来語	

複数形の格変化

	die Städte
1格	die Städte
2格	der Städte
3格	den Städten
4格	die Städte

> 3格には -n を付けるよ。ただし、die Taschen, die Autos などのタイプでは -n は付けないよ！

> 💡 上記のパターン以外の特殊な変化
> Museum → Museen
> Gymnasium → Gymnasien
> Firma → Firmen

練習 以下の単語の複数形を辞書で調べ、定冠詞の格変化をさせてみましょう。

1) der Vater → _____
2) die Hand → _____
3) der Mann → _____
4) die CD → _____

2 男性弱変化名詞と例外的な名詞

> 中性名詞は Herz だけ!!

いくつかの男性名詞は単数形1格以外の2・3・4格の語尾に -en/-n をつけるものがあります。

	-en/-n	単数 -n・複数 -en	2格 -s*	中性 -en＋2格 -s*
1格	der Junge	der Herr	der Name	das Herz
2格	des Jungen	des Herrn	des Namens*	des Herzens*
3格	dem Jungen	dem Herrn	dem Namen	dem Herzen
4格	den Jungen	den Herrn	den Namen	das Herz*
複数	die Jungen	die Herren	die Namen	die Herzen

例）Polizist-Polizisten
Student-Studenten
Gedanke-Gedanken (2格は Gedankens) usw.

> 強変化・弱変化があるよ！

Grammatik

3 人称代名詞の3・4格

人称代名詞も格に応じて形が変化します。また、3人称は格に応じて名詞を言い換えます。

	単数					複数			敬称
	1人称	2人称	3人称 (男性名詞)	3人称 (女性名詞)	3人称 (中性名詞)	1人称	2人称	3人称 (複数形)	2人称敬称
1格	ich	du	er	sie	es	wir	ihr	sie	Sie
3格	mir	dir	ihm	ihr	ihm	uns	euch	ihnen	Ihnen
4格	mich	dich	ihn	sie	es	uns	euch	sie	Sie

Ich schenke dem Freund eine Uhr. ➡ **Ich schenke ihm eine Uhr.**
私はその友人に時計をプレゼントします。　　　私は彼に時計をプレゼントします。

Der Mann kauft die Bücher. ➡ **Er kauft sie.**
その男性はそれらの本を買います。　　　彼はそれらを買います。

文法補足1　語順

💡 **3格と4格の語順に注意！**

両方とも名詞： 3格 ＋ 4格
　Ich gebe der Freundin ein Buch.　私はその友達に（一冊の）本を渡します。

一方が代名詞： 代名詞 ＋ 名詞
　Ich gebe ihr ein Buch.　私は彼女に（一冊の）本を渡します。
　Ich gebe es der Freundin.　私はそれをその友達に渡します。

両方とも代名詞： 4格 ＋ 3格
　Ich gebe es ihr.　私はそれを彼女に渡します。

文法補足2　注意が必要な動詞

3格が日本語の「に」に対応しない場合もあるから、注意してね！

💡 **4格ではなく3格の目的語をとる動詞に注意しましょう。**

gefallen:　**Die Schuhe gefallen ihr gut.**　そ（れら）の靴は彼女の気に入ります。
gehören:　**Das Buch gehört mir.**　その本は私のものです。
glauben:　**Ich glaube ihm.**　私は彼の言うことを信じます。
helfen:　**Ich helfe dir.**　私は君を手伝います。

練習　下線を引いてある単語を人称代名詞に変えて文章を書き直しましょう。

1) Der Junge dankt der Frau.　　　　その少年はあの女性に感謝している。
　→ _____　その少年は彼女に感謝している。

2) Kennst du das Mädchen?　　　　きみはあの少女を知ってるの？
　→ _____　きみは彼女を知ってるの？

3) Das Auto gehört dem Mann.　　　この車はあの男性のものです。
　→ _____　この車は彼のものです。

Übungen

文法練習 1　辞書を参考に（　　）内に名詞を複数形にして入れましょう。また〔　　〕に定冠詞をいれましょう。

1) Zwei (　　　　　) spielen dort Tennis.　二人の男性 (Mann) があそこでテニスをしている。
2) Kennt er 〔　　〕 Jungen?　彼はその男の子達を知っているのかい？
3) Schenkst du 〔　　〕 Schwestern die Blumen?　君は妹たちにそれらの花を贈るの？
4) Wir haben zwei (　　　　　) und drei (　　　　　).
   私たちは2匹の犬 (Hund) と3羽の鳥 (Vogel) を飼っています。
5) Ich kaufe den (　　　　　) ein Bilderbuch.　私は子供たち (Kind) に絵本を買います。

文法練習 2　下線に適切な人称代名詞を入れましょう。

1) Er zeigt _____ das Foto.
   彼は君にその写真を見せてくれます。
2) Mein Vater kauft _____ ein Fahrrad.
   お父さんは私に自転車を1台買ってくれます。
3) Ich liebe _____.
   きみを愛しているよ。
4) Ich besuche _____ morgen.
   私は明日、彼らを訪ねますよ。
5) Wie geht es _____? — Es geht _____ gut, danke!
   （あなたの）ご機嫌いかがですか？　元気です、ありがとう。

文法練習 3　次のドイツ語の文章には1つの誤りがあります。誤りを指摘し、正しく書き直しましょう。また、和訳しましょう。

1) Ich habe einen Schwester und zwei Brüder.
   ⇒ _____
   訳）_____
2) Die Kinder kauft der Mutter einen Blumenstrauß.
   ⇒ _____
   訳）_____
3) Was schenkst du ihn?
   ⇒ _____
   訳）_____
4) Der Lehrer gibt ihm es.
   ⇒ _____
   訳）_____
5) Die Bücher gehören ich.
   ⇒ _____
   訳）_____

補足表現　Uhrzeit

„Wie viel Uhr ist es?"

Wie viel Uhr ist es?
Wie spät ist es?

Es ist 14 Uhr.

二つのたずね方があるね!

Sprechen / Schreiben / Hören

会話練習

A. 例を参考に、イラストの時計について時間を尋ねてみましょう。

Beispiel

Entschuldigung! Wie viel Uhr ist es?

Danke schön!

Es ist 10.10 Uhr.
(Es ist zehn Uhr zehn.)

Bitte schön!

 9 Uhr   8.05 Uhr   13.30 Uhr

B. パートナーと今の時刻についてドイツ語で会話しましょう。

Wie spät ist es jetzt?
Wie viel Uhr ist es jetzt?

Es ist _____ .

C. パートナーが言った時刻を聞き取り、時計を完成させましょう。

A: Wie spät ist es?
B: Es ist _____ .

morgens	朝に
vormittags	午前中に
nachmittags	午後に
abends	夕方に
nachts	夜に

(1)    (2) 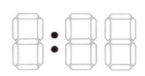   (3)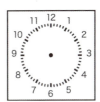

追加の表現

💡「〜時に」「〜時ごろ」という場合

um 16 Uhr：16時に ➡ **Um 16 Uhr** gehe ich nach Hause. 16時に帰宅します。

Um wie viel Uhr〜?：何時に〜？ ➡ **Um wie viel Uhr** beginnt die Party?
　　　　　　　　　　　　　　　　　　　そのパーティは何時に始まりますか？

gegen 16 Uhr：16時ごろ ➡ **Gegen 16 Uhr** bin ich zu Hause. 16時ごろは家にいます。

▶ **nach Hause gehen**：帰宅する
▶ **zu Hause sein**：在宅している

Lektion 3 — Das Buch gehört mir.

B

会話・作文練習 1

① 動詞 gehören を使って自分のものはどれか説明してみましょう。

Der Bleistift gehört mir.
Gehört dir die Brille?

Ja, sie gehört mir.
Wem gehört das Handy?

Es gehört mir.

 身の回りの持ち物についてたずねよう!!

Druckbleistift/-e　Stifteetui/-s　Heft/-e　Kugelschreiber/-　Schere/-n　USB-Stick/-s
Radiergummi/-s　　　　　　　　Bleistift/-e　　　　　　　　Messer/-

Armbanduhr/-en　Smartphone/-s　Rucksack/-säcke　Tasche/-n　Lehrbuch/-bücher
Brille/-n　　　　Handy/-s　　　　　　　　　　　　　　　　Wörterbuch/-bücher

② Wem を用いてたずねましょう。

Wem gehört der Rucksack?

Nein, sie gehört ihr.

Er gehört mir.
Und gehört dir die Tasche?

会話・作文練習 2　　Geburtstag

MaxとYurinaの会話（音声）を聞いて、以下の質問に答えましょう。

1) Was kauft Yurina für Lena?　⇒　Sie _____.
2) Um wie viel Uhr kommt Max zu Lena?　⇒　Um _____.
3) Wann beginnt die Geburtstagsparty?　⇒　Um _____.

Lesen 3

Mein Geburtstag

Ich habe morgen Geburtstag und werde 18 Jahre alt. Meine Eltern geben eine Geburtstagsparty für mich. Sie beginnt morgen um 14.00. Viele Freunde kommen. Was schenken sie mir? Bücher, CDs, Kleider… Sicher gefallen mir die Geschenke! Ich hoffe, wir haben viel Spaß.

補足の表現

💡「小さな」という意味を表す縮小語尾（Diminutiv）：–chen と -lein（中性名詞）

例）**das Mädchen**（少女）, **das Vöglein**（小鳥）　＊-chen や -lein が付くとウムラウトするものも！

他には

Brot	⇒ **Brötchen**	**Katze**	⇒ **Kätzchen**
Baum	⇒ **Bäumchen**	**Rose**	⇒ **Röslein**

また、子ども言葉や愛称などにも用いられます。

Hans ⇒ **Hänschen**　ハンスちゃん
Maus ⇒ **Mäuschen**　小さなネズミ、かわいい子

この課で覚えるべき単語10個（補足） ＊これ以外に、使用頻度の高かった単語も覚えよう!!
目指せ、独検（「ドイツ語技能検定」）5級合格!!

Tasche		besuchen	
Fahrrad	自転車	denken	考える
Eltern		gehören	
Hund		schenken	
Mensch	人間	spät	遅い

Lektion 3　Das Buch gehört mir.

Lektion 4 — Fährst du nach München?

1 不規則動詞の現在人称変化

動詞には、主語がdu、および三人称単数のもの（er、sie、esあるいは単数名詞）の時だけ、語幹の母音が変化するものがあります。次の3つのタイプです。

2人称と3人称に注意だね

		a → ä fahren (乗り物で) 行く	e (短音) → i sprechen 話す	e (長音) → ie sehen 見る
1人称	ich	fahre	spreche	sehe
2人称（親称）	du	fährst	sprichst	siehst
3人称単数	er	fährt	spricht	sieht

Fährst du nach München?　君はミュンヘンへ行くの？
Er **spricht** sehr gut Deutsch.　彼はとても上手にドイツ語を話します。

a → ä		e → i		e → ie	
schlafen	眠る	essen	食べる	lesen	読む
tragen	運ぶ、身に付ける	helfen	助ける	empfehlen	すすめる
waschen	洗う	treffen	会う	befehlen	命令する
laufen	歩く、走る	vergessen	忘れる	geschehen	起こる
gefallen	気に入る	werfen	投げる		

💡 注意が必要な不規則動詞

語尾や省略にも注意だよ!!

	halten 保つ	geben 与える	nehmen 取る	werden ～になる	wissen 知っている
ich	halte	gebe	nehme	werde	weiß
du	hältst	gibst	nimmst	wirst	weißt
er	hält	gibt	nimmt	wird	weiß

Nimmst du den Zug?　君はその列車に乗るの（～を利用するの）？
Woher **weißt** du das?　君はどこでそれを知ったの？

練習　　の中より適切な動詞を選んで正しい形にして（　）に入れ、文を完成させましょう。

| treffen | schlafen | empfehlen | essen | helfen | waschen |
| tragen | nehmen | sehen | vergessen | wissen | |

1) Er (　　　) immer einen Anzug.　彼はいつもスーツを着ています。
2) Sie (　　　) jetzt Wäsche.　彼女は今、洗濯をしています。
3) Die Studentin (　　　) uns.　その学生は私たちを手伝ってくれる。
4) Warum (　　　) das Kind kein Gemüse?　どうしてその子は野菜を食べないの？
5) (　　　) du sie oft?　彼女にはよく会うかい？
6) Welches Café (　　　) du mir?　どのカフェが君のおすすめなの？
▶ Welches Café…?: どのカフェを（参：Lek.5）
7) Die Katze (　　　) gemütlich da drüben.　その猫は気持ちよさそうにあそこで眠っている。
8) Der Schüler (　　　) immer etwas.　その生徒はいつも忘れ物をする。
9) Sie (　　　) immer den Bus. (　　　) du?　彼女はいつもそのバスに乗るよ。知ってた？
10) Den Fernsehturm (　　　) man schon von fern.　テレビ塔は遠くからでも見えます。

Grammatik

2 命令形

お願い事を、早く伝えられるね！
短い文でシンプルだよ!!

命令形は、相手（du、ihr、Sie）に何かを命令したり、依頼するときに用いる表現です。

	kommen	warten	sprechen	sehen	schlafen	sein
du	Komm(e)!	Warte!	Sprich!	Sieh!	Schlaf(e)!	Sei ... !
ihr	Kommt!	Wartet!	Sprecht!	Seht!	Schlaft!	Seid ... !
Sie	Kommen Sie!	Warten Sie!	Sprechen Sie!	Sehen Sie!	Schlafen Sie!	Seien Sie ... !

Komm schnell, Michael! ミヒャエル、はやく来て！
Seid vorsichtig! 君たち、気をつけて！

ihr の命令形は、定動詞と同じだね

語尾に注意しよう

① Sie に対する命令形だけ、主語をつける。
  例) **Kommen Sie**!
② 特に依頼するときは、bitte などをつける。
  例) **bitte**: どうか　　Nehmen Sie **bitte** Platz!
  　　doch: 頼むから　Sei **doch** ruhig!
  　　mal: ねえ、ちょっと　Sieh **mal**!

③ du の語尾はよく省略されるが、規則動詞の中でduに対する命令形で口調の -e をつけた方が良いものがある。
  例) **lernen / warten / öffnen** など。
④ e→i/ie になる不規則変化動詞では、du に対する命令形で、変化形の語尾を取り除いた形を用いる。
  例) **sehen: du siehst → Sieh**!

練習 du、ihr、Sie に対する命令形の文章を作ってみましょう。

1. たくさんドイツ語を勉強してください。
   viel / lernen / Deutsch

   du ：＿＿＿＿＿＿＿＿＿＿＿＿＿＿＿＿＿
   ihr：＿＿＿＿＿＿＿＿＿＿＿＿＿＿＿＿＿
   Sie：＿＿＿＿＿＿＿＿＿＿＿＿＿＿＿＿＿

2. いつも健康でいてください。
   immer / gesund / bleiben

   du ：＿＿＿＿＿＿＿＿＿＿＿＿＿＿＿＿＿
   ihr：＿＿＿＿＿＿＿＿＿＿＿＿＿＿＿＿＿
   Sie：＿＿＿＿＿＿＿＿＿＿＿＿＿＿＿＿＿

3. 私を手伝ってください。
   helfen / mir

   du ：＿＿＿＿＿＿＿＿＿＿＿＿＿＿＿＿＿
   ihr：＿＿＿＿＿＿＿＿＿＿＿＿＿＿＿＿＿
   Sie：＿＿＿＿＿＿＿＿＿＿＿＿＿＿＿＿＿

4. その写真を私に見せてください。
   das Foto / zeigen / mir

   du ：＿＿＿＿＿＿＿＿＿＿＿＿＿＿＿＿＿
   ihr：＿＿＿＿＿＿＿＿＿＿＿＿＿＿＿＿＿
   Sie：＿＿＿＿＿＿＿＿＿＿＿＿＿＿＿＿＿

補足の表現

💡 語幹 -(e)n + wir ...!「〜しましょう！」の表現（提案、促し）

Lernen wir Deutsch! ― Ja, gern!　　　　ドイツ語を勉強しましょう！―ええ、喜んで！
Trinken wir noch einen Schluck! ― Nein, danke.　もう一杯飲みましょう！―いえ、もう結構。

＊ wir を主語にして、主語と動詞をひっくり返して、強く読む。
▶ r Schluck: 一口、（ここでは）一杯

Lektion 4
Fährst du nach München?

Übungen

文法練習 1 適切な動詞を選び、以下の会話文を完成させましょう。

> sprechen   lesen   fahren   essen   tragen   sehen

1) A: _____ du nach Berlin?
   B: Ja, ich _____ nach Berlin.

2) A: _____ er gern Filme?
   B: Ja, er _____ gern Filme.

3) A: _____ Lina gern Romane?
   B: Nein, sie _____ nicht gern Romane.
   ▶ *pl.* Romane: 小説

4) A: _____ Herr Müller gut Englisch?
   B: Nein, er _____ nicht gut Englisch.

5) A: _____ du gern Brot?
   B: Ja, ich _____ gern Brot.

6) A: _____ du oft Sandalen?
   B: Ja, ich _____ oft Sandalen.

文法練習 2 与えられた語句を参考に、友人を誘う文章を作文しましょう。

1) いっしょにお昼ご飯を食べましょう！　zusammen / zu Mittag / essen
   _____

2) 一度、先生にきいてみよう！　einmal / Lehrer (r) / fragen (jn)
   _____

3) 一休みしましょう！　eine Pause / machen
   _____

文法練習 3 次のドイツ語の文章には語順や人称変化について、1つの誤りがあります。例を参考に誤りに下線を付け、正しく書き直しましょう。また、和訳しましょう。

例) Was <u>esst</u> du gern?
　⇒ Was <u>isst</u> du gern?　　訳) 君は何を食べるのが好き？

間違いを見付けよう

1) Jetzt lest er Manga.　　（ lesen 読む ）　＊jetzt は文頭に置くこと
   ⇒ _____
   訳) _____

2) Wohin fahrst du morgen?　（ fahren〔乗り物で〕行く ）
   ⇒ _____
   訳) _____

3) Was seht er gern?　　（ sehen 〜を見る ）
   ⇒ _____
   訳) _____

4) Sprech bitte langsam!　（ sprechen 話す ）　▶ du に対する命令形に
   ⇒ _____
   訳) _____

5) Sein Sie bitte vorsichtig!　（ vorsichtig 用心深い ）
   ⇒ _____
   訳) _____

Sprechen　Schreiben　Hören　　**A**

会話練習　次の文章を、与えられた語句を手がかりにドイツ語にしてみましょう。
そしてWORTSCHATZの語句を使って、自分の立場からドイツ語で答えてみましょう。

38

Lektion 4　Fährst du nach München?

1) 君はいつも何時間くらい眠るの？　wie viele Stunden / schlafen

　_____　　_____

2) 今日は暑くなるけど、君は何を着ていく？　es / heiß / werden / tragen

　_____　　_____ und _____

3) 君はどの言語を話すの？　welche Sprachen / sprechen

　_____　　_____ und _____

▶ welche Sprachen: どの言語を (参：Lek.5)

4) 君は明日、誰と会うの？　morgen / treffen（＋ jn）

　_____　　_____

5) 君はその鞄が気に入りましたか？　（wieを使って）gefallen / e Tasche

　Wie_____　　_____

文法練習1の文章のduをihr、Sieに、あるいはdein Bruder（君の兄弟）/ deine Schwester（君の姉妹）などに置き換えて、質問と回答の文章を作ってみましょう。

33

B

会話・作文練習1 与えられた語句を手がかりにドイツ語の会話を作りましょう。

① 33ページのWORTSCHATZの語句を使ってパートナーと会話しましょう。
② 主語を、Sie, ihr, dein Bruder, deine Schwesterなどに変えてみましょう。

1) Wohin _____ am Wochenende?
   Am Wochenende fahre ich nach Berlin.

2) Ich esse gern japanisch.
   Was _____ gern? _____

3) Ich nehme das Tagesmenü A.
   Was _____ heute? _____ und _____

4) Was _____ heute Abend zu Hause?
   Heute Abend sehe ich ein Fußballspiel.

5) Nächste Woche besuche ich das Geschäft.
   Was _____ du mir?

   * empfehlen を用いること

会話・作文練習2 33ページのWORTSCHATZと以下の会話を参考に、好きな食べ物や観るものなどについて、クラスメートと会話してみましょう。

Sag mal, was isst du gern?

Ich esse sehr gern Kuchen, besonders Sachertorte!
Und du? Was isst du gern?

Ich esse gern Gemüse.
Ich esse am liebsten Spargel.
Isst du auch gern Spargel?

Ja, ich esse auch gern Spargel.
Aber ich esse lieber Kartoffeln.

会話・作文練習3 音声を聞いて、次の質問に答えましょう。

Was isst Luka gern? → _____
Trägt Luka immer eine Jeans? → _____
Sieht Luka am Sonntag ein Baseballspiel? → _____

Lesen 4

Freizeit

Was macht man gern in der Freizeit? In Deutschland macht man gern einen Spaziergang. Das ist sehr beliebt als Freizeitbeschäftigung und hat viele Vorteile. Zum Beispiel ist es gut für die Gesundheit. Es nimmt uns den Stress. Es kostet nichts. Man denkt viel dabei. Man findet bestimmt etwas Neues. Danach schmeckt das Essen sehr gut! Mach mal einen Spaziergang in deiner Umgebung!

Außer dem Spaziergang trifft man in Deutschland gern Freunde und spricht stundenlang miteinander. Viele Leute treiben aktiv Sport. Zu Hause hört man Musik, sieht DVDs oder liest Bücher.

 文法補足1

話法の助動詞からの贈りもの？ 4格支配の動詞として使えるすぐれもの (参：Lek.8)

	können できる	**mögen** 〜が好きだ	**möchte** (+gern) 〜がほしい
ich	kann	mag	möchte
du	kannst	magst	möchtest
er	kann	mag	möchte

Der Mann **kann** Deutsch. その男はドイツ語ができます。
Ich **mag** Würzburg und Rothenburg. ぼくはヴュルツブルクとローテンブルクが好きです。
Wir trinken Dunkelbier. Was **möchtest** du? 私たちは黒ビールを飲みます。君は何がいい（ほしい）？

 文法補足2

非人称のesの用法

特定のものを指さず、形式上の主語となっているesを非人称のesといいます。

a. 天候など自然現象を表すとき　　**Es** regnet/schneit.　　　　　　　　雨/雪が降る。
b. 時間や日にちを表すとき　　　　Wie spät ist **es**? 何時ですか？ —**Es** ist schon 4 Uhr. もう4時です。
　　（esは省略可能）　　　　　　　**Es** ist heute Sonntag. / Heute ist (es) Sonntag 今日は日曜日です。
c. 感覚や生理的なものを表すとき　**Es** ist mir kalt. / Mir ist (es) kalt.　寒いです。
　　（esは省略可能）　　　　　　　**Es** schwindelt mir. / Mir schwindelt.　目まいがします。
　　　　　　　　　　　　　　　　　Es tut mir leid. / Tut mir leid.　　すみません（残念です）。
d. 熟語表現
　es geht ＋人の3格： Wie **geht es** Ihnen? （あなたは）調子はいかがですか？
　es gibt ＋4格： **Es gibt** hier einen Garten. ここに庭園があります。「〜がある、いる」
　es geht um ＋4格： **Es geht um** die Gesundheit der Familie. 家族の健康が問題です。

 この課で覚えるべき単語10個（補足） *これ以外に、使用頻度の高かった単語も覚えよう!!
目指せ、独検（「ドイツ語技能検定」）5級合格!!

fahren		lieber	
schlafen	眠る	immer	いつも
sprechen		Gemüse	
essen	食べる	Kartoffel/-n	
helfen		Kuchen	ケーキ

Lektion 4　Fährst du nach München?

Lektion 5 — Meine Familie

1 不定冠詞類

❶ 所有冠詞 不定冠詞と同じ語尾変化をする冠詞のうち、所有を表すものを**所有冠詞**といいます。

1人称	ich	mein 私の	wir	unser	私たちの
2人称	du	dein 君の	ihr	euer	君たちの
3人称	er	sein 彼の			彼らの
	sie	ihr 彼女の	sie	ihr	彼女らの
	es	sein それの			それらの
2人称敬称	Sie	Ihr	あなた・あなた方の		

ein Vater → mein Vater
eine Mutter → meine Mutter
ein Kind → mein Kind
– Kinder → meine Kinder

	男性	女性	中性	複数
1格	mein Vater	meine Mutter	mein Kind	meine Kinder
2格	meines Vaters	meiner Mutter	meines Kind(e)s	meiner Kinder
3格	meinem Vater	meiner Mutter	meinem Kind	meinen Kindern
4格	meinen Vater	meine Mutter	mein Kind	meine Kinder

 複数形の所有冠詞は定冠詞（類）の変化に似ているよ

男性	女性	中性	複数
ein / mein	eine / meine	ein / mein	— / meine
Kugelschreiber / Radiergummi	Armbanduhr / Brille	Wörterbuch / Heft	Wörterbücher / Hefte

 格変化に注意しよう！   2格に気をつけて！

1格	「～は/が」	**Mein Vater** ist Lehrer.	私の父は 教師です。
2格	「～の」	Das Auto **meines Vaters** ist neu.	私の父の 車は新しい。
3格	「～に」	Ich danke **meinem Vater**.	私は 私の父に 感謝します。
4格	「～を」	Ich ehre **meinen Vater**.	私は 私の父を 尊敬しています。

練習 所有冠詞と名詞を格変化させましょう。

	男性	女性	中性	複数
1格	ihr Bruder	seine Schwester	euer Kind	unsere Eltern
2格				
3格				
4格				

euer, unserは語尾が付くと真ん中の -e- がよく省略されるよ
euere → eure / unseres → unsres

Grammatik

❷ 否定冠詞 不定冠詞と同じ語尾変化をして、否定を表すものを否定冠詞 (kein) と呼びます。

Ist das eine Digitalkamera?	これはデジタルカメラですか？
- Nein, das ist keine Digitalkamera.	いいえ、これはデジタルカメラではありません。
Das ist ein Smartphone.	これはスマートフォンです。
Hast du Geschwister?	君には兄弟姉妹がいるの？
- Nein, ich habe keine Geschwister.	いいえ、私には兄弟姉妹はいません。
Ich bin Einzelkind.	私は一人っ子です。

keinは無冠詞または不定冠詞の付いた名詞を否定するよ

練習 下線に適切な不定冠詞または否定冠詞を補いましょう。

1) A: Hast du jetzt _____ Kugelschreiber?   B: Nein, ich habe jetzt _____ Kugelschreiber.
   君は今ボールペンを持っているの？   いや、僕は今ボールペンを持っていないよ。

2) A: Ist das _____ Hemd?   B: Nein, das ist _____ Hemd.
   これはシャツですか？   いいえ、これはシャツではありません。

2 定冠詞類

dieser「この～」、welcher「どの～」などのように、名詞の前に置かれて冠詞の役割をするもののうち、定冠詞の語尾変化に準じるものを定冠詞類といいます。

jederに注意!!

| dieser | この | welcher | どの | jeder | どの～も　*単数のみ | aller | すべての |
| jener | あの | solcher | そのような | mancher | かなり多くの | | |

	男性	女性	中性	複数
1格	dieser Kugelschreiber	diese Schere	dieses Heft	diese Hefte
2格	dieses Kugelschreibers	dieser Schere	dieses Heft(e)s	dieser Hefte
3格	diesem Kugelschreiber	dieser Schere	diesem Heft	diesen Heften
4格	diesen Kugelschreiber	diese Schere	dieses Heft	diese Hefte

 中性１・４格は dieses、女性と複数の diese 以外は、定冠詞と全く同じ語尾が付く。

練習 定冠詞類と名詞を格変化させましょう。

	男性	女性	中性	複数
1格	welcher Rock	jene Bluse	jedes T-Shirt	alle Schuhe
2格				
3格				
4格				

 補足の表現 ①　副詞的４格を用いた表現

diesen Sonntag	今度の日曜日に	jeden Tag	毎日	jedes Wochenende	毎週末
diese Woche	今週	jede Woche	毎週	jeden Montag	毎月曜日
dieses Jahr	今年	jeden Monat	毎月		
diesen Winter	今年の冬に	jedes Jahr	毎年	ein Jahr lang	１年間
				den ganzen Tag	１日中

Lektion 5　Meine Familie

Übungen

語尾変化させてね!

文法練習 1　（　）には人称代名詞を、下線部分に適切な所有冠詞を正しい形で補いましょう。

1) A: Ist das _____ Sonnenbrille?　　B: Nein, das ist _____ Sonnenbrille.
   それは君のサングラス？　　　　　　　いいえ、これは彼女のサングラスだよ。

2) A: Sind das _____ Schuhe?　　B: Ja, das sind _____ Schuhe.
   こちらはあなたがたの靴ですか？　　　　はい、これは私たちの靴です。

3) A: Kennst du _____ Bruder?　　B: Nein, ich kenne (　　) nicht.
   君は彼女のお兄さんを知ってる？　　　いいえ、私は彼を知りません。

4) A: Wie finden Sie _____ Motorrad?　　B: Ich finde (　　) sehr gut.
   彼のバイクをどう思いますか？　　　　（私は）それをとても良いと思います。

5) A: Was kauft ihr _____ Großeltern?　　B: Wir kaufen (　　) ein Sofa.
   君たちは君たちの祖父母に何を買うの？　　僕たちは彼らにソファを買うよ。

文法練習 2　下線部分に適切な定冠詞類を補いましょう。

1) A: _____ Kleid kaufst du?　　B: Ich kaufe _____ Kleid.
   君はどのワンピースを買うの？　　　　私はこのワンピースを買うわ。

2) A: _____ Hose kaufst du?　　B: Ich kaufe _____ Hose.
   君はどのズボンを買うの？　　　　　　僕はこのズボンを買うよ。

3) A: _____ Rock passt zu mir?　　B: _____ Rock passt gut zu dir.
   どのスカートが私に似合いますか？　　このスカートは君によく似合います。
   ▶ passen zu jm³ ～に似合う

4) A: _____ Stiefel passen dir?　　B: _____ Stiefel passen mir gut.
   どのブーツが君（のサイズ）に合う？　　このブーツは私のサイズに合います。
   ▶ passen jm³ サイズが合う

5) A: _____ Hemd findest du gut?　　B: Ich finde _____ Hemd besonders gut.
   君はどのシャツをいいと思う？　　　　私はこのシャツを特に(besonders)いいと思います。

文法練習 3　次のドイツ語の文章には語順、動詞の人称変化、冠詞の格変化について、1つの誤りがあります。例を参考に誤りに下線を付け、正しく書き直しましょう。また、和訳しましょう。

例）　Kennst du mein Schwester?
　⇒ Kennst du meine Schwester?
　訳）君は私の姉を知っていますか？

間違いを見付けよう

Kennen Sie mich?

1) Marie dankt ihrem Mutter.　　（ danken 感謝する ）
   ⇒ _____
   訳）_____

2) Was schenkt er seinem Eltern?　　（ schenken ～に…を贈る、プレゼントする ）
   ⇒ _____
   訳）_____

3) Ich liebe meine Mann.　　（ lieben ～を愛している ）
   ⇒ _____
   訳）_____

4) Wie findest du dieser Smartphone?　　（ finden ～を…と思う ）
   ⇒ _____
   訳）_____

5) Welcher Hut kaufst du?　　（ kaufen ～を買う ）
   ⇒ _____
   訳）_____

会話練習

以下の人物になって質問に答えましょう。

ich: Shinya Ota (18), Student
Opa: Tomokazu (75), Rentner
Oma: Takako (71), Rentnerin
Vater: Hiroshi (46), Angestellter
Mutter: Rikako (44), Hausfrau
Schwester: Yukiho (13), Schülerin
Katze: Shiro (3), Haustier

42

会話を参考に、友達と会話してみよう。

Einzelkind: 一人っ子

Lektion 5 — Meine Familie

- Wie heißt deine Oma?
- Was ist dein Vater von Beruf?
- Wie alt ist deine Mutter?
- Hast du Geschwister?
- Ist deine Schwester Studentin?
- Hast du Haustiere?

自分の情報も書き出してみよう。また、クラスメートにインタビューしてみよう。

 Hallo, ich heiße Yurina! Hast du Geschwister?

Nein, ich bin Einzelkind. Ich habe aber eine Katze. Sie heißt Tama.

 Ich habe einen Bruder und eine Schwester.

	Beispiel	Partner 1	Partner 2
Name	Seiya		
Bruder	×		
Schwester	×		
Haustier	ein Hund, Hachiro		

B

会話・作文練習 1

音声の会話 a) および b) を聞いて質問に答えましょう。

Wie heißt er?	Wie heißt sie?
_____	_____
Was ist sein Vater von Beruf?	Was ist ihre Mutter von Beruf?
_____.	_____.
Hat er Geschwister?	Hat sie Geschwister?
_____	_____
Hat er Haustiere?	Hat sie Haustiere?
_____	_____

会話・作文練習 2

もう一度音声を聞いて、以下の空欄を補いましょう。

Name: _____	Name: _____
Beruf: Student	Beruf: Studentin
Vater(Name): Naoya　Beruf: _____	Vater(Name): Herbert　Beruf: Lehrer
Mutter(Name): Megumi　Beruf: Verkäuferin	Mutter(Name): Maria　Beruf: _____
Geschwister: _____　Alter: _____	Geschwister: _____　Alter: 28
Haustiere: _____　Name: _____	Haustiere: _____　Name: _____

会話・作文練習 3

上記会話・作文練習1と2を参考に、家族や友人についての紹介文を書きましょう。

色々な形容詞があるね

nett　freundlich　lustig　witzig　streng　scheu　intelligent　frech

Wie ist deine Mutter?

Sie ist sehr streng, aber nett.
Und mein Vater ist auch sehr nett.

Das ist ein Foto von meiner Familie.
_____
_____
_____
_____

Familie

Hier habe ich ein Foto von meiner Familie. Das ist mein Vater. Er ist 48 Jahre alt. Er arbeitet als Elektroingenieur bei Toyota. Und das ist meine Mutter. Sie ist auch 48 Jahre alt. Sie arbeitet als Dolmetscherin bei einer Handelsfirma. Meine Eltern reisen sehr gern. Jeden Sommer reisen sie nach Europa.
Und hast du Geschwister? Ja? Ich beneide dich. Leider habe ich keine Geschwister. Aber ich habe einen Hund. Er heißt Goemon. Er ist sehr klug und geht sehr gern mit mir spazieren. Er ist mein bester Freund!

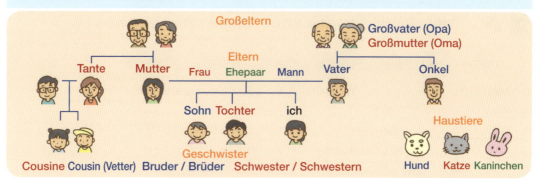

 クラスメートに家族やペットについてたずねてみましょう。
Hast du Geschwister? Wie heißt dein Bruder/deine Schwester?

Hast du Geschwister?　　Wie heißt dein Bruder/deine Schwester?

 補足の表現 ②　否定疑問文「〜ではないの？」とdoch

否定の疑問文「〜ではないの？」に対して答えるときには、**doch**あるいは**nein**を用います。

否定疑問文	**Kommt er heute nicht?** 彼は今日来ないの？	**Hast du keine Uhr?** 時計を持っていないの？
	- **Doch**, er kommt heute. いや、彼は今日 来るよ。	- **Doch**, ich habe eine Uhr. いや、時計を持っているよ。
	- **Nein**, er kommt heute **nicht**. はい、彼は今日 来ないよ。	- **Nein**, ich habe **keine** Uhr. はい、時計を持っていないよ。

 この課で覚えるべき単語10個（補足）　＊これ以外に、使用頻度の高かった単語も覚えよう！！
目指せ、独検（「ドイツ語技能検定」）5級合格！！

Beruf	職業	passen	
Familie		Wochenende	週末
Mutter	母親	freundlich	
Jahr		lustig	陽気な
Monat		nett	

Sommersemester

1 次の表現をドイツ語に訳してみよう！

1) おはよう　→ _____
2) こんにちは　→ _____
3) おやすみなさい　→ _____
4) ありがとう　→ _____
5) ごめんなさい　→ _____

2 下線に □ の中から適切なものを選んで、正しい形に変化させて入れよう！

heißen　kommen　wohnen　trinken　lernen　arbeiten

1) Mein Sohn _____ in Berlin.　私の息子はベルリンに住んでいます。
2) Wie _____ du?　君の名前は？
3) Wir _____ Deutsch.　私たちはドイツ語を勉強しています。
4) _____ ihr aus Österreich?　君たちはオーストリア出身ですか？
5) _____ Sie gern Kaffee?　あなたはコーヒーを飲むのが好きですか？
6) Wo _____ er?　彼はどこで働いていますか？

3 （　）に人称代名詞、下線にseinまたはhabenを適切な形にして入れよう！

1) _____ (_____) Schüler?　- Nein, (_____) _____ Studenten.
   君たちは生徒ですか？　　　　　　　　　　いいえ、僕たちは大学生です。
2) _____ (_____) müde?　- Ja, (_____) _____ sehr müde.
   君は疲れているの？　　　　　　　　　　うん、僕はとても疲れているよ。
3) Wo _____ (_____) jetzt?　- Jetzt _____ (_____) in Mannheim.
   あなたは今どこにいらっしゃいますか？　　今 私はマンハイムにいます。
4) _____ (_____) Hunger?　- Ja, (_____) _____ Hunger.
   君たちは空腹ですか？　　　　　　　　　はい 僕たちは空腹です。
5) _____ (_____) heute Zeit?　- Ja, heute _____ (_____) Zeit.
   君は今日時間があるの？　　　　　　　　うん、今日 僕は時間があるよ。

4 次の語を用い、必要に応じて変化させてドイツ語の文を作ろう！

1) その生徒は父親に傘を持っていきます。
   (bringen, ihr Vater, ein Regenschirm, die Schülerin)
   → _____.

2) これは僕の友達のバイクです。
   (sein, das, mein Freund, das Motorrad)
   → Das _____.

3) その女医の伯母はシュタイナーさんです。
(die Tante, die Ärztin, Frau Steiner, sein)
→ _____ .

4) 君はその教授の娘さんを知ってる？
(kennen, die Tochter, du, der Professor)
→ _____ .

5) 両親が子供たちにそれらの絵本をプレゼントする。
(schenken, die Kinder, die Bilderbücher, die Eltern)
→ _____ .

5 下線に適切な人称代名詞を補おう！

1) Zeigen Sie _____ bitte das Foto!
　　私たちにその写真を見せてください！
2) Mein Vater kauft _____ ein Fahrrad.
　　僕のお父さんは僕に自転車を1台買ってくれます。
3) Ich liebe _____.
　　私は彼を愛しています。
4) Wir besuchen _____ morgen.
　　私たちは 明日 君たちを訪ねます。
5) Wie geht es Ihren Eltern? — Es geht _____ gut, danke!
　　あなたのご両親のご機嫌はいかがですか？　　元気です、ありがとう。

6 □から適切な不定詞を下から選んで、人称変化させて（　）に入れよう！

empfehlen　essen　helfen　tragen　nehmen　sehen　wissen

1) Unser Lehrer (　　) eine Brille.　　私たちの先生は眼鏡をかけています。
2) Die Studentin (　　) uns.　　その女子学生は私たちを手伝ってくれる。
3) Warum (　　) du kein Gemüse?　　どうして君は野菜を食べないの？
4) Welchen Film (　　) du mir?　　どの映画が君のおすすめなの？
5) Lena (　　) immer ein Taxi. (　　) du?　　レーナはいつもタクシーに乗るよ。知ってた？
6) Meine Universität (　　) man schon von fern.　　私の大学は遠くからでも見えます。

7 □の中から適切な冠詞類を選んで、正しい形に直して下線に入れよう！

mein　sein　ihr　Ihr

1) Ist das _____ Vater?　　これは彼の父親ですか？
2) Maria kauft _____ Tocher eine Puppe.　　マリアは彼女の娘に人形を買います。
3) Das Auto _____ Bruders ist neu.　　私の兄の車は新しい。
4) Lieben Sie _____ Kinder?　　あなたはあなたのお子たちを愛していますか？

43

Wiederholung

1 Aussprache

 発音の原則は3つだったね！(参: S.4)

ローマ字のように発音する
原則として、最初の母音にアクセントがある

↓ 子音が1つのとき**長く発音**　　↓ 子音が2つ以上のとき**短く発音**

haben 持っている　　　**k**ommen 来る

 母音で特に注意が必要なのは？

au [aʊ]	Auto 車	Baum 木
ei [aɪ]	Heim 我が家	klein 小さい
ie [iː]	Liebe 愛	Fieber 熱
[iə:]	Familie 家族	
eu/äu [ɔʏ]	Leute 人々	neu 新しい
	Bäume 木々	träumen 夢を見る
母音+h	*hは読まない	
	gehen 行く	Bahn 鉄道

 子音も英語とドイツ語では発音が違うね！

-b/-d/-g	[p][t][k]	halb 半分の	Abend 晩	Tag 日
-r/-er	[r][ər]	Uhr 時計	aber しかし	
s＋母音	[z]	sagen 言う	*それ以外 [s]	Glas グラス
ss/ß	[s]	essen 食べる	groß 大きい	Meißen マイセン
j	[j]	Jacke 上着	*外来語 [ʒ]	Job アルバイト
v	[f]	Volk 民族	*外来語 [v]	Villa 邸宅、別荘
w	[v]	Wagen 車	weiß 白い	
z/ts/tz/ds	[ts]	zehn 10	jetzt 今	abends 晩に
a/o/u/au + ch	[x]	Bach バッハ、小川	noch まだ、なお	Buch 本　auch ～もまた
それ以外 + ch	[ç]	echt 本物の　Licht 光	leicht 容易な	China 中国　Mädchen 少女
-ig	[iç]	König 王	ruhig 静かな	
sch/tsch	[ʃ] [tʃ]	schön 美しい	Deutsch ドイツ語	
chs/x	[ks]	Fuchs キツネ	Taxi タクシー	
sp-/st-	[ʃp][ʃt]	spielen 遊ぶ	Student 学生	

発音してみよう！

2 Wortschatz

 数字を覚えているかな？(参: S.7)

0 null		
1 eins	11 elf	21 einundzwanzig
2 zwei	12 zwölf	22 zweiundzwanzig
3 drei	13 dreizehn	30 dreißig
4 vier	14 vierzehn	40 vierzig
5 fünf	15 fünfzehn	50 fünfzig
6 sechs	16 sechzehn	60 sechzig
7 sieben	17 siebzehn	70 siebzig
8 acht	18 achtzehn	80 achtzig
9 neun	19 neunzehn	90 neunzig
10 zehn	20 zwanzig	100 (ein) hundert

 季節や月、曜日は言えるかな？

Jahreszeit und Monate

Frühling	Sommer	Herbst	Winter
März	Juni	September	Dezember
April	Juli	Oktober	Januar
Mai	August	November	Februar

Die Woche

Mo. Di. Mi. Do. Fr. Sa. So.

Montag　Dienstag　Mittwoch　Donnerstag　Freitag　Samstag　Sonntag

3 Grüße

4 人称変化　規則変化

				wohnen	arbeiten	heißen
単数形	1人称	ich	-e	wohne	arbeite	heiße
	2人称（親称）	du	-st	wohnst	arbeitest	heißt
	3人称	er/sie/es	-t	wohnt	arbeitet	heißt
複数形	1人称	wir	-en/-n	wohnen	arbeiten	heißen
	2人称（親称）	ihr	-t	wohnt	arbeitet	heißt
	3人称	sie	-en/-n	wohnen	arbeiten	heißen
	2人称（敬称）	Sie	-en/-n	wohnen	arbeiten	heißen

5 人称変化　不規則変化

seinとhabenの現在人称変化

sein ～である (engl. *be*)			
ich	bin	wir	sind
du	bist	ihr	seid
er	ist	sie	sind
Sie		sind	

haben ～を持っている (engl. *have*)			
ich	habe	wir	haben
du	hast	ihr	habt
er	hat	sie	haben
Sie		haben	

		a → ä fahren	e（短音）→ i sprechen	e（長音）→ ie sehen	werden	nehmen	wissen
1人称	ich	fahre	spreche	sehe	werde	nehme	weiß ▲
2人称	du	fährst	sprichst	siehst	wirst	nimmst	weißt
3人称	er	fährt	spricht	sieht	wird	nimmt	weiß ▲

6　語順と疑問詞

❶ 平叙文では、 定動詞は2番目 に置かれます。

　　　　Ich **komme** aus Berlin.　　　　私はベルリンから来ました。
　　　Aus Berlin **komme** ich.　　　　ベルリンから私は来ました。
　　　　　強調

❷「はい」「いいえ」で答える疑問文*では、 定動詞は文頭 に置かれます。（決定疑問文*）

　　Kommst du aus Berlin?　　　　君はベルリンから来たの？

　　- **Ja**, ich komme aus Berlin.　　　　- はい、私はベルリンから来ました。
　　- **Nein**, ich komme nicht aus Berlin.　　- いいえ、私はベルリンから来たのではありません。
　　- **Nein**, ich komme aus Hamburg.　　　- いいえ、私はハンブルクから来ました。

　　　　　　　　　　　　　　　　　　　　▶ nicht (engl. not)：～ではない

❸ 疑問詞を用いる疑問文*では、 定動詞は2番目 に、疑問詞は文頭に置かれます。（補足疑問文*）

　　Woher kommst du?　　　　君はどこから来たの？

　　- Ich komme aus Berlin.　　　- 私はベルリンから来ました。

| was | 何が、何を | wer | 誰が（3人称単数） | wann | いつ | wie | どのように |
| wo | どこで | woher | どこから | wohin | どこへ | warum | なぜ |

7　名詞の性と格、冠詞

1格　「～は/が」　Der Mann ist Arzt.　　　その男性は 医者 です。

2格　「～の」　　Das Auto des Mannes ist neu.　その男性の 車は新しいです。

3格　「～に」　　Ich danke dem Mann.　　　私は その男性に 感謝します。

4格　「～を」　　Ich kenne den Mann.　　　私は その男性を 知っています。

　2格は後ろから！

定冠詞　英語のtheに相当します。「その～」「あの～」という意味を持っています。

	男性	女性	中性	複数
1格	der Mann	die Frau	das Kind	die Kinder
2格	des Mann(e)s	der Frau	des Kind(e)s	der Kinder
3格	dem Mann	der Frau	dem Kind	den Kinder**n**
4格	den Mann	die Frau	das Kind	die Kinder

不定冠詞 英語のa, anに相当します。「ひとつの〜」「ある〜」という意味を持っています。

	男性	女性	中性	複数
1格	ein　Kugelschreiber	eine　Uhr	ein　　Buch	—　Bücher
2格	eines　Kugelschreibers	einer　Uhr	eines　Buch(e)s	—　Bücher
3格	einem　Kugelschreiber	einer　Uhr	einem　Buch	—　Büchern
4格	einen　Kugelschreiber	eine　Uhr	ein　　Buch	—　Bücher

複数形は無冠詞

所有冠詞・否定冠詞（kein） 不定冠詞と同じ変化をします

1人称	ich	mein　私の	wir	unser　私たちの	
2人称	du	dein　君の	ihr	euer　君たちの	
3人称	er	sein　彼の	sie	ihr	彼らの / 彼女らの / それらの
	sie	ihr　彼女の			
	es	sein　それの			
2人称敬称	Sie	Ihr　あなたの、あなた方の			

ein Vater → mein Vater

eine Mutter → meine Mutter

ein Kind → mein Kind

- Kinder → meine Kinder

定冠詞類 定冠詞の語尾変化に準じるものを定冠詞類と言います。

dieser この	welcher どの	jeder どの〜も ＊単数のみ	aller すべての
jener あの	solcher そのような	mancher かなり多くの	

中性1・4格は dieses、女性と複数の diese以外は、定冠詞と全く同じ語尾となる。

jederに注意!!

euer, unserは語尾がつくと真ん中の -e- がよく省略されるよ
eue̲ren → euren, unse̲rem → unsrem

8　人称代名詞の3・4格

	単数					複数			敬称
	1人称	2人称	3人称 (男性名詞)	3人称 (女性名詞)	3人称 (中性名詞)	1人称	2人称	3人称 (複数形)	2人称敬称
1格	ich	du	er	sie	es	wir	ihr	sie	Sie
3格	mir	dir	ihm	ihr	ihm	uns	euch	ihnen	Ihnen
4格	mich	dich	ihn	sie	es	uns	euch	sie	Sie

Ich schenke dem Freund eine Uhr.
私はその友人に時計をプレゼントします。

➡ **Ich schenke ihm eine Uhr.**
私は彼に時計をプレゼントします。

Der Mann kauft die Bücher.
その男性はそれらの本を買います。

➡ **Er kauft sie.**
彼はそれらを買います

Lektion 6 — Wie komme ich zur Post?

1 前置詞の格支配

前置詞を用いるとき、後続させる名詞には前置詞ごとに決まった格があります。これを前置詞の格支配といい、2格支配、3格支配、4格支配、3・4格支配があります。

❶ 2格支配の前置詞

前置詞ごとに決まった格をとるよ

statt: ～の代わりに	trotz: ～にもかかわらず
während: ～の間	wegen: ～のために（理由）

Statt meiner Mutter kommt mein Vater heute. 私の母の代わりに今日は父がきます。
Trotz des Regens spielen die Kinder draußen Fußball. 雨にもかかわらず子供たちは外でサッカーをしています。
Während des Unterrichts schläft der Student immer. 授業の間、その学生はいつも眠っている。
Wegen der Erkältung kommt er heute nicht. 風邪のために彼は今日来ません。

❷ 3格支配の前置詞

aus: ～の中から、～出身の、～でできている	bei: ～の近くに、（人などのいる所）～のもとで、～の際に
mit: ～と一緒に、～を使って、用いて（手段）	nach: （中性名詞の地名・国名）へ、～のあとに
seit: ～以来	von: （空間または時間的な起点）～から、～によって、～の（所有）
zu: （人・建物・催しなどのところ）へ	

Sie kommt **aus** dem Zimmer. 彼女は部屋（の中）から出てきます。
Er arbeitet **bei** der Bank. 彼は銀行で働いています。
Ich esse **mit** meiner Familie zu Mittag. 家族と一緒に昼食をとる。
Meine Schwester fährt **nach** Berlin. 姉はベルリンへ行く。
Seit einer Woche ist er krank. 一週間前から彼は病気です。
„Der Zauberberg" ist ein Roman **von** Thomas Mann. 『魔の山』はトーマス・マンの長編小説です。
Er kommt **zu** seinem Onkel. 彼はおじさんのところへ行く。

 補足の表現

💡 **nach Hause** と **zu Hause** を使った表現
Ich gehe **zu Fuß nach Hause**. 私は徒歩で帰宅します。 ▶ zu Fuß: 徒歩で
Heute bin ich **zu Hause**. 今日私は家にいます。

❸ 4格支配の前置詞

durch: ～を通って、～によって	für: ～のために	gegen: ～に対して、～に反対して
ohne: ～なしで	um: ～の周囲に、～時に	bis: （空間・時間）まで

Ich gehe **durch** den Park zur Uni. 公園を通って大学へ行く。
Das ist ein Geschenk **für** dich. これは君への（君のための）プレゼントだよ。
Ich kann nicht **ohne** ihn leben. 彼なしでは生きていけない。
Um diesen Baum tanzen die Kinder. この木の周りで子どもたちが踊っている。
Ich bin **gegen** euch. 私は君たちには反対だ。
Von 9 **bis** 17 Uhr arbeite ich. 9時から17時まで働きます。

他にもいろいろな前置詞があるよ。辞書で調べてみよう！

Grammatik

練習 ( ) に適切な冠詞類を入れましょう。

1) Er kommt aus (　　) Stadt.　　彼はその街(e)の出身だ。
2) Während (　　) Sommerferien bin ich in Deutschland.　　夏休み(pl.)の間、私はドイツにいます。
3) Er bleibt bei (　　) Onkel.　　彼は叔父さん(r)のところに滞在している。
4) Für (　　) Kinder arbeitet er.　　彼の子供たち(pl.)のために彼は働きます。
5) Ich gehe mit (　　) Freundin zu (　　) Studentenparty.　　私はガールフレンド(e)と学生パーティ(e)に行きます。
6) Sie gehen durch (　　) Wald.　　彼らは森(r)を抜けて行く。

❹ 3・4格支配の前置詞

an	vor	hinter	neben	über
～のきわに／へ	～の前に／へ	～の後ろに／へ	～の横に／へ	～の上方に／へ

unter	zwischen	in	auf
～の下に／へ	～の間に／へ	～の中に／へ	～の上に／へ

上記の9つの前置詞は、「場所」を示しているときは「3格」支配、
「方向」を示しているときは「4格」支配になります。

 （場所）**Das Buch liegt auf dem Tisch.**　　その本は机の上にある。

 （方向）**Er legt das Buch auf den Tisch.**　　彼はその本を机の上へ置く。

練習 カッコに適切な定冠詞を入れましょう。

1) Wir sind jetzt vor (　　) Museum.　　私たちは今、その博物館の前にいます。
2) Ein Junge geht vor (　　) Museum.　　1人の少年が博物館の前へ歩いて行く。
3) Sie stellen die Statue neben (　　) Tür.　　彼らはその像をドアの横へ置く。
4) Die Kirche steht neben (　　) Park.　　教会は公園の隣に建っている。

2 前置詞と定冠詞の融合形

in、zuなど一部の前置詞は定冠詞を特に強調する必要がない場合、融合することがあります。

3格と

am	(an + dem)	beim	(bei + dem)
im	(in + dem)	vom	(von + dem)
zum	(zu + dem)	zur	(zu + der)

融合できるのにさせないと、定冠詞の「その」
という指示の意味が強められるよ！

Ich gehe zur Uni. ※ **Er geht zu der Uni.**
　　私は大学へ行きます。　　　　彼はその大学へ行きます。

4格と

ans	(an + das)	aufs	(auf + das)
fürs	(für + das)	ins	(in + das)

Am Sonntag gehen wir ins Kino.
日曜日に私たちは映画に行きます。

Lektion 6　Wie komme ich zur Post?

Übungen

文法練習 1 訳文を参考に下線部に適切な前置詞を、（　）に人称代名詞・冠詞類を入れましょう。

1) Bist du _____ (　　) ?　　　　　　　　　　君は彼に反対なの？
2) Ich fahre _____ (　　) Bus zur Uni.　　　私はバス(r)で大学へ行く。
3) Gehst du mit ihm _____ (　　) Unterricht einkaufen?　授業(r)の後に彼と買い物に行くの？
4) Ich komme _____ Berlin.　　　　　　　　私はベルリン出身です。
5) _____ (　　) Hilfe können wir die Arbeit nicht vollenden.
　　　　　　　　　　　　　　　　　　　　　　あなたの助けなしにはその仕事を完成できません。
6) Wir treffen uns heute _____ 6 Uhr.　私たちは今日6時に会う。

文法練習 2 （　）に適切な冠詞を入れましょう。

1) Heute gehen wir in (　　) Stadt.　　　　今日、私たちはその街(e)へ行く。
2) Die Kinder spielen jezt in (　　) Zimmer.　子どもたちは今、その部屋(s)の中で遊んでいる。
3) Das Bild hängt an (　　) Wand.　　　　その絵は壁(e)にかかっている。
4) Er hängt die Hose auf (　　) Bügel.　　彼はズボンをハンガー(r)に掛ける。
5) Max sitzt zwischen (　　) Eltern.　　　マックスは彼の両親(pl.)の間に座っています。

文法練習 3 次のドイツ語の文章には誤りがあります。誤りを指摘して、正しく書き直しましょう。また、和訳しましょう。

1) Aus Frankreich er kommt.
　⇒ _____
　訳) _____
2) Was gibt es vor den Park?
　⇒ _____
　訳) _____
3) Er spricht jetzt mit seine Freundin.
　⇒ _____
　訳) _____
4) Mein Bruder geht zu die Universität.
　⇒ _____
　訳) _____
5) Frau Müller arbeitet für ihren Kindern.
　⇒ _____
　訳) _____

補足の表現

es gibt + 4格　「～⁴がある、いる」
In unserer Stadt gibt es viele Museen.
私たちの街にはたくさんの博物館がある。

 am = an dem / im = in dem だよ

時間と前置詞
日付、曜日、午前・午後・晩を示すとき、前置詞はanを使います。
　am 2. September 9月2日に
　am Montag 月曜日に　　**am Morgen** 朝に
月、季節、年を示すときにはinを使います。
　im Mai 5月に　　**im Sommer** 夏に
　(im Jahr) 2018 2018年に
　　(im Jahrは強調したい時に用います。)

Sprechen / Schreiben / Hören

会話練習　下のイラストの語彙を使って、ドイツ語で表現してみよう。

- 本の上に、ボールペンが乗っている
- USBメモリが定規の前にある
- 教科書が携帯の下にある
- 時計が机の上にある
- バッグの中にハンカチとティッシュ

机の上にものを並べてどこに何があるか、前置詞を使って説明してみましょう。

Beispiel

- Wo ist mein Kuli?
- Er ist auf dem Buch. Wo ist mein USB-Stick?
- Er ist vor meinem Lineal. Ist mein Lehrbuch neben der Uhr?
- Nein, es ist unter dem Handy. Wo ist .....?

 Druckbleistift/-e Radiergummi/-s
 Stifteetui/-s
 Heft/-e
 Bleistift/-e
 Kugelschreiber/-
Notizbuch/-bücher
USB-Stick/-s

 Lineal/-e
 Klebezettel/-s
 Klebstoff/-e
 Hefter/-
 Marker/-
 Portemonnaie/-s

 Taschentuch/-tücher
 Papiertaschentuch/-tücher
 Smartphone/-s Handy/-s
 Tasche/-n
 Tüte/-n
 Lehrbuch/-bücher Wörterbuch/-bücher

 Trinkflasche/-n
 Spiegel/-
 Kamm/Kämme
 Zahnbürste/-n
 Pausenbrot/-e

 Tafel/-n
 Vorhang/-hänge Fenster/-
 Stuhl/Stühle Tisch/-e
 Tischlampe/-n
 Projektor/-en

Lektion 6　Wie komme ich zur Post?

B Sprechen Schreiben Hören

🎧 49 会話・作文練習 1

Wie komme ich zur Post?

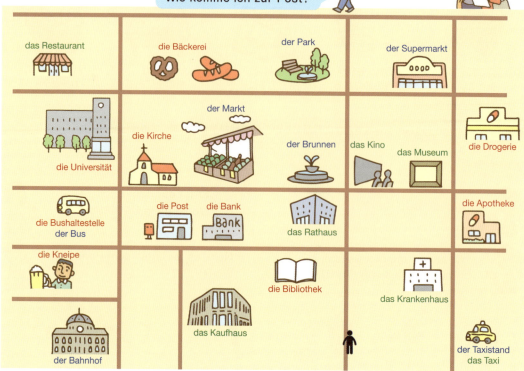

例を参考に道を尋ねるパートナーに、地図を見せながら目的地までの道のりを教えてあげましょう。

Entschuldigung, ich suche die Post. Wie komme ich zur Post?

Okay, wir sind jetzt hier und die Post liegt neben der Bank. Gehen Sie zuerst diese Straße geradeaus und die nächste Straße links, dann gehen Sie wieder geradeaus. Dann sehen Sie die Post auf der rechten Seite.

Vielen Dank!

Nichts zu danken!

駅やレストランへはどう行くのかな？

🎧 50 会話・作文練習 2 　音声を聞いて、上記の会話文も参考に、Yurinaがどこに行く道を尋ねているのか答えましょう。

Wohin geht Yurina?

Lesen 6

Berlin

In den Sommerferien besuche ich mit meinem Freund Berlin. Berlin ist die Hauptstadt von Deutschland. Diese Stadt hat viele Sehenswürdigkeiten. Zuerst möchte ich…. Brandenburger Tor sehen. Es ist weltbekannt und ein Symbol von Berlin. Von dort führt die Straße Unter den Linden zur Museumsinsel. Auf der Museumsinsel gibt es fünf Museen und auch den Berliner Dom.

Lektion 6 Wie komme ich zur Post?

補足表現①　特定の前置詞を伴う動詞

- **auf jn/et⁴ warten:** 〜を待つ　　Peter wartet schon eine Stunde auf seine Freundin.
  ペーターはすでに1時間ガールフレンドのことを待っている。
- **jm für et⁴ danken:** 〜に…を感謝する　Ich danke Ihnen für Ihre Hilfe.
  私はあなたの手助けに感謝します。
- **an jn/et⁴ denken:** 〜のことを考える　Marie denkt immer an ihre Familie.
  マリーはいつも彼女の家族のことを考えています。
- **jn nach jm/et³ fragen:** 〜に…を尋ねる　Der Lehrer fragt mich nach meiner Meinung.
  先生は私に（私の）意見をたずねます。
- **an et³ teilnehmen:** 〜に参加する　Nimmst du am Seminar von Professor Schmidt teil?
  君はシュミット教授のゼミに参加するの？
（参：Lektion7 分離動詞）

補足表現②　前置詞を用いた定型句

前置詞を用いた定型表現も多くあります。少しずつ覚えて表現の幅を広げていきましょう！

auf Deutsch: ドイツ語で　　　　　Wie heißt das auf Deutsch?
　　　　　　　　　　　　　　　　　　それをドイツ語でなんといいますか？

ins Bett gehen: 就寝する、床に就く　Mein Vater geht um 23 Uhr ins Bett.
　　　　　　　　　　　　　　　　　　私の父は23時に就寝します。

ins Kino gehen: 映画（館へ映画を見）に行く　Wir gehen morgen ins Kino.
　　　　　　　　　　　　　　　　　　私たちは明日映画に行きます。

ins Theater gehen: 芝居を見に行く、観劇に行く　Ich gehe morgen mit Lea ins Theater.
　　　　　　　　　　　　　　　　　　私は明日レアと観劇に行きます。

この課で覚えるべき単語10個（補足） ＊これ以外に、使用頻度の高かった単語も覚えよう!!
目指せ、独検（「ドイツ語技能検定」）5級合格!!

Apotheke		Straße	
Bahnhof		Zimmer	
Bibliothek	図書館	geradeaus	まっすぐに
Rathaus		stehen	
Stadt		liegen	

Lektion 7 Wann stehst du morgen auf?

1 分離動詞

基礎動詞に ab, an, aus, bei, ein, mit, nach, vor, zu などの前つづりをつけて異なる意味の動詞を作ることがあります。前つづりにアクセントがあるものを分離動詞といいます。

❶ 基礎動詞と前つづり

前つづり

auf + stehen → áuf|stehen　起きる

vor + haben → vór|haben　予定している

辞書では、分離線で分かれるところが示されているよ。
auf|stehen

色々な前つづりをくっつけてどんな意味になるのか調べてみよう！

練習 辞書を使って次の分離動詞の意味を調べてみましょう。

machen	auf + machen → auf	machen: _____
	zu + machen → zu	machen: _____
steigen	ein + steigen → ein	steigen: _____
	um + steigen → um	steigen: _____
	aus + steigen → aus	steigen: _____
kommen	an + kommen → an	kommen: _____
	mit + kommen → mit	kommen: _____
	herein + kommen → herein	kommen: _____
fahren	ab + fahren → ab	fahren: _____
	zurück + fahren → zurück	fahren: _____

❷ 語順

現在形の文章で定動詞として用いられるときには前つづりと基礎になる動詞が分離し、前つづりは文末に置かれます。

Ich **stehe** morgen um 6.00 Uhr **auf**.　私は明日6時に起きます。
主語に応じて人称変化する　　　変化せずに文末

Um wie viel Uhr **stehst** du morgen **auf**?　君は明日何時に起きるの？
▶ um wieviel Uhr: 何時に

Hast du heute etwas **vor**?　君は今日なにか予定があるの？

練習 (　) に動詞を、下線部に前つづりを適切に入れましょう。

1) Wir (　　) in Berlin _____. 私たちはベルリンで乗り換えます。 (um|steigen)
2) (　　) du heute _____? 今日は外出するの？ (aus|gehen)
3) Ich (　　) dir meine Mutter _____. 私は君に私の母親を紹介します。 (vor|stellen)
4) Wir (　　) Sie morgen _____. 私たちは明日あなたに電話します。 (jn an|rufen)

Grammatik

2 非分離動詞

アクセントを持たない前つづりを持つ動詞を**非分離動詞**といいます。
be-, er-, ent-, emp-, ge-, ver-, zer-, miss- の前つづりがつく場合は非分離動詞です。

| be | + | kommen | → | be**kommen** | 手に入れる |
| ge | + | fallen | → | ge**fallen** | 気に入る |

使う時に分離しないよ！

Ich **bekomme** von einer Freundin einen Brief.　私は友人から手紙を受け取ります。
　　　主語に応じて人称変化する

練習　辞書を使って次の非分離動詞の意味を調べてみましょう。

1) ver + sprechen → versprechen: ＿＿＿＿＿＿＿＿＿
2) er + finden → erfinden: ＿＿＿＿＿＿＿＿＿
3) be + suchen → besuchen: ＿＿＿＿＿＿＿＿＿

分離動詞にも非分離動詞にもなる前つづり

durch, hinter, über, um, unter, voll, wider, wieder などの前つづりは、意味によって分離動詞あるいは非分離動詞になります。分離動詞の場合はアクセントが前つづりに、非分離動詞の場合は基礎動詞にアクセントがあります。

例) übersetzen / über|setzen　wiederholen / wieder|holen

Das Gespräch **geht** zu einem anderen Thema **über**.　会話は別の話題へ移る。（分離）
Er **übergeht** immer ihren Einwand.　彼はいつも彼女の抗議を無視する。（非分離）

前つづりとおもな意味　-分離と非分離-

auf-:	上に	(例：auf|steigen)	**be-:**	他動詞化する／意味の強化など
	開く	(例：auf|drehen)		**bezahlen** 〜⁴の代金を支払う
ab-:	離れる	(例：ab|reisen)	**emp-/ent-:**	対向・離脱・起源・開始など
an-:	接近する	(例：an|kommen)		**empfehlen** 推薦する、**entschuldigen** 許す
aus-:	外へ	(例：aus|steigen)	**er-:**	行為の完遂・獲得・到達
bei-:	そばに	(例：bei|stehen)		**erklären** 説明する
ein-:	中へ	(例：ein|schlafen)	**ge-:**	集合・行為の完了・強意など
herein-:	こちらの中へ	(例：herein|kommen)		**gefallen** 気に入る、**gewinnen** 獲得する
mit-:	一緒に	(例：mit|bringen)	**ver-:**	代理・超過・変更など
nach-:	後から	(例：nach|laufen)		**verantworten** 責任を負う、**verpassen** 機会を逸する
vor-:	前に	(例：vor|bereiten)	**zer-:**	散乱・分裂・破壊など
weg-:	離れて	(例：weg|gehen)		**zerbrechen** 割る
zurück-:	戻って	(例：zurück|denken)		

Übungen

文法練習 1　（　）内の分離動詞を下線部に適切な形に直して入れましょう。

1) Wann _____ du in Leipzig _____?　君はいつライプツィヒに着くの？　（an|kommen）
2) Seine Mutter _____ ihn jeden Tag _____.　彼のお母さんは彼に毎日電話する。　（an|rufen）
3) Wann _____ das Konzert _____?　そのコンサートはいつ始まりますか？　（an|fangen）
4) Toni _____ sehr müde _____.　トニはとても疲れているように見える。　（aus|sehen）
5) Der Zug _____ um 10.00 _____.　その電車は10時に出発する。　（ab|fahren）
6) Die Ausstellung _____ in Tokyo _____.　展覧会は東京で開催される。　（statt|finden）
7) Sie _____ heute an seiner Geburtstagsparty _____.　（teil|nehmen）
彼女は今日の彼の誕生日パーティーに参加する。

▶ an et³ teilnehmen

8) Mein Kind _____ gern _____.　私の子はテレビを見るのが好きです。　（fern|sehen）
9) _____ du am Wochenende etwas _____?　週末に何か予定があるの？　（vor|haben）
10) _____ Sie bitte das Fenster _____!　その窓を開けてください！　（auf|machen）

命令形でも、前つづりは文末だよ

文法練習 2　□の中から適切な非分離動詞を選び、下線部に正しい形に直して入れましょう。

　　　　gefallen　　verstehen　　erzählen　　bekommen　　besuchen

1) Heute _____ ich ein Geburtstagsgeschenk.　今日僕は誕生日プレゼントをもらう。
2) _____ uns doch am Wochenende!　週末に私たちを訪ねてよ！（ihrに対して）
3) Seine Oma _____ ihm jeden Abend eine Geschichte.
彼のおばあちゃんは、毎晩 彼にお話を話して聞かせます。
4) Dieses Buch _____ mir sehr gut.　この本は非常に私の気に入っている。
5) _____ du mich?　私の言っていることがわかる？

会話練習 例を参考に、あなたの一日の予定を書き入れてみましょう。また、何時にどんなことをしているか、パートナーやクラスメートにたずねてみましょう。

🎧 52

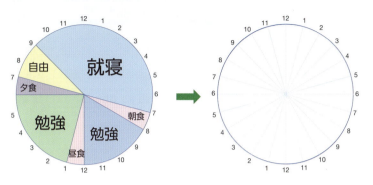

Um wie viel Uhr stehst du auf? — Ich stehe um 6.30 Uhr auf.

Was machst du um 20 Uhr? — Um 20 Uhr esse ich zu Abend.

Wann gehst du ins Bett? — Ich gehe um 23 Uhr ins Bett.

ein Tag

 aufstehen　 frühstücken　 zur Uni gehen　 Unterricht haben　 zu Mittag essen　 jobben

 nach Hause zurückkommen　 zu Abend essen　 fernsehen　 Hausaufgaben machen　 ins Bett gehen

 時刻表現① 「〜時に」、「〜時頃」

💡 「〜時に」と時刻を言う場合には前置詞 um を、「〜時ごろ」という場合には gegen を、「〜時から〜時まで」は von〜bis〜 を用います。

Um wie viel Uhr **stehst** du **auf**?　　　　　　君は何時に起きるの？
- Ich **stehe um** 7.00 **auf**.　　　　　　　　　　　－僕は7時に起きるよ。
Wann **kommst** du an der Uni **an**?　　　　　　君は何時に大学に着くの？
- **Gegen** 8.30 Uhr **komme** ich an der Uni **an**.　　－8時半頃に大学に着くよ。

Von 15 **bis** 17 Uhr **nehme** ich am Seminar **teil**.　15時から17時までゼミに参加します。

Lektion 7　Wann stehst du morgen auf?

B

 53 **会話・作文練習 1**　Planを参考にして会話してみましょう。

- Um wie viel Uhr stehst du jeden Morgen auf?
- Von wann bis wann jobbst du?
- Wann isst du zu Abend?
- Wann kommst du heute an der Uni an?

Plan	
6.30	aufstehen
7.00	frühstücken
9.30	an der Uni ankommen
10.00~12.00	in der Bibliothek lernen
12.45	zu Mittag essen
13.00~17.45	Unterricht haben
16.00~19.00	jobben
20.00	zu Abend essen
21.00~23.00	fernsehen
23.30	ins Bett gehen

Von wann bis wann...?「何時から何時まで〜？」

 54 **会話・作文練習 2**　LenaとMaxの会話（音声）を聞いて、以下の質問に答えましょう。

1) Steht Lena um 6.45 auf?
    ― _____.

2) Um wie viel Uhr steht Max auf?
    ― _____.

3) Hat Max heute Nachmittag Zeit?
    ― _____.

4) Von wann bis wann lernen Lena und Max in der Bibliothek?
    ― _____.

5) Bis wann jobbt Lena heute?
    ― _____.

会話・作文練習 3　LenaとMaxの会話、イラストのPlanを参考に、クラスメートと一日のスケジュールについて話しましょう。

例) Wann stehst du auf?
　　Wann isst du zu Mittag?

 時刻表現 ②　「〜分前・〜分後・〜時半」

💡 12時間制では、「〜分後・〜分前」または「〜時半」という表現を用います。

vor:	Es ist zehn vor vier.
nach:	Es ist fünf nach elf.
Viertel:	15分（4分の1）
	Es ist Viertel nach zwei.
halb:	30分（半分の）
	Es ist jetzt halb zehn.

 halbの後ろには日本語での言い方より一つ後の時間を数字で言います。

Lesen 7

Mein Tag

Hast du morgen etwas vor? Ich habe keine Zeit auszugehen. Wann stehst du jeden Morgen auf? Ich stehe gewöhnlich um 6.30 Uhr auf. Ist es nicht zu früh? Aber der Bus zur Uni fährt um 7.30 Uhr ab. Er kommt um 8.30 Uhr an der Uni an und der Englischunterricht fängt um 9.00 Uhr an. Von 9.00 bis 16.30 Uhr habe ich Unterricht. Danach jobbe ich vier Stunden im Supermarkt. Um 22 Uhr komme ich endlich nach Hause.

文法補足　不定詞 + gehen　「～しに行く」

不定詞をgehenとともに使い「～しに行く」という意味を表すことができます。

Meine Mutter und ich gehen gern einkaufen.　お母さんと私は買い物に行くのが好きだ。
Lass uns zusammen essen gehen!　いっしょに食事に行きましょう！

▶ Lass uns...!：～しましょう！

この課で覚えるべき単語10個（補足）　＊これ以外に、使用頻度の高かった単語も覚えよう!!
目指せ、独検（「ドイツ語技能検定」）5級合格!!

Geschichte		zurück|kommen	
Hausaufgabe/-n	宿題	besuchen	訪問する
Konzert		verstehen	
ab|fahren		übersetzen	
an|rufen		früh	

Lektion 7　Wann stehst du morgen auf?

Lektion 8 — Kannst du gut Deutsch sprechen?

1 話法の助動詞

動詞だけでは表現できない、主語の意志、願望、推量、置かれた状況などを表現するものを話法の助動詞といいます。話法の助動詞も人称変化します。

	dürfen	können	müssen	sollen	wollen	mögen	möchte
おもな意味	してもよい	できる	ねばならない	すべきだ	したい	かもしれない	したいと思います
ich	darf	kann	muss	soll	will	mag	möchte
du	darfst	kannst	musst	sollst	willst	magst	möchtest
er/sie/es	darf	kann	muss	soll	will	mag	möchte
wir	dürfen	können	müssen	sollen	wollen	mögen	möchten
ihr	dürft	könnt	müsst	sollt	wollt	mögt	möchtet
sie/Sie	dürfen	können	müssen	sollen	wollen	mögen	möchten

人称変化のポイント

- ichとer/sie/esは同じ形で語尾が付かない。
- 単数形では語幹が変わることが多いが、発音がシンプルになる。　例外）sollen/möchte
- möchteはmögenからできたもので、不定形はない。（eがなくなることもない。）

① 助動詞の意味

- **dürfen:**　「してもよい」／＊「〜してはいけない」（否定文）
- **können:**　「することができる」、「してもよい」、「かもしれない」
- **müssen:**　「しなければならない」／＊「しなくてもよい」（否定文）
  「〜にちがいない・〜のはずだ」
- **sollen:**　「すべきである」、「〜ということらしい」（伝聞）、「することになる」（運命）
  ＊Soll ich〜?:「〜しましょうか」（相手の意向）
- **wollen:**　「するつもりだ」（意志）
  ＊Wollen wir〜?:「〜しましょうか」（提案）
- **mögen:**　「かもしれない」
  ＊「好きである」（動詞用法）
- **möchte:**　「したいと思う」（控えめな要求、要望）
  ＊「〜がほしいです」（動詞用法）

 Hier darf man nicht rauchen!

Seiya soll schwer krank sein.

② 語順

話法の助動詞を用いる場合、**本動詞は不定詞**となり**文末**に置かれます。

Er spricht gut Deutsch.　　彼は上手にドイツ語を話します。
　↓　　können「〜することができる」
Er kann gut Deutsch sprechen.　彼は上手にドイツ語を話すことができる。

Wäschst du heute noch Wäsche?　　君は今日中に洗濯をするの？
→ **Musst du heute noch Wäsche waschen?**　君は今日中に洗濯をしなければならないの？

Was trinkst du?　　君は何を飲むの？
→ **Was möchtest du trinken?**　君は何を飲みたいの？

不定詞は文末が原則だよ!!

Grammatik

練習 （　）に適切な話法の助動詞を入れて、和訳してみましょう。

1) Mein Freund (　　　) fließend Russisch sprechen.　できる
   和訳：_____

2) Du (　　　) regelmäßig Medikamente nehmen.　すべきだ
   和訳：_____

3) (　　　) ich Sie kurz stören?　してもいいですか？
   和訳：_____

4) Thomas (　　　) die Meisterschaft gewinnen.　するつもりだ
   和訳：_____

5) Lukas (　　　) heute bis spät arbeiten.　ねばならない
   和訳：_____

2　従属の接続詞 ①

従属の接続詞とは、「もし～ならば」「～かどうか」「～ということ」「なぜならば～だからだ」など、時間関係、論理展開などを明確にする接続詞です。これに導かれる文を副文といい、定動詞は文末に置かれます（定動詞後置）。また、主文と副文は必ずコンマで区切ります。

wenn もし～ならば／～するときは（いつも）	**dass** ～ということ	**ob** ～かどうか
weil / da なぜならば～だからだ	**bevor** ～する前に	**obwohl** ～であるにもかかわらず
solange ～する限り［時間的に］	**soweit** ～する限り［範囲］	**damit** ～するために［目的］

Ich fahre nach Deutschland.　Ich habe genug Geld.

　　　　　　　　　　　　　　　　wenn「もし～ならば」

【主文】Ich fahre nach Deutschland, **wenn** ich genug Geld habe.【副文】

　私は、もし十分にお金があればドイツへ行きます。

💡 副文が先行すると、主文は定動詞から！

【副文】**Wenn** ich genug Geld habe, fahre ich nach Deutschland.【主文】

💡 主文が疑問文でも同じ

Weißt du, **ob** er heute in der Uni ist ?　君は、彼が今日大学に来ているかどうか知ってるかい？

💡 副文に話法の助動詞などが含まれるとき　　　　　　　　　　　助動詞の位置に注意だよ!

Wenn du die Prüfung bestehen willst, musst du jetzt fleißig lernen.
もし、その試験に合格するつもりならば、君はいま一生懸命に勉強しなければなりません。

練習　以下の　　　　より適切な従属の接続詞を選び、二つの文をつなげて、和訳してみましょう。

　　　　　　ob　　weil　　dass　　wenn　　obwohl

1) Ich fahre nach Deutschland.　Ich besuche die Heimat eines Künstlers.
   _____　和訳：_____

2) Sie erholt sich heute zu Hause.　Sie hat eine Erkältung.　　　▶ sich⁴ erholen: 休養する
   _____　和訳：_____

3) Mein Nachbar erzählt mir das.　Die Familie kommt aus Hamburg.
   _____　和訳：_____

dasはどうなるかな？

Lektion 8　Kannst du gut Deutsch sprechen?

Übungen

文法練習 1　[　]の話法の助動詞を使った文に書き換えてみましょう。

1) Hilfst du mir? [können]　_____
2) Ich lese diesen Roman. [möchte]　_____
3) Du gehst sofort zum Professor. [sollen]　_____
4) Jeder Student hält ein Referat. [müssen]　_____
5) Hier fotografiert man nicht. [dürfen]　_____

文法練習 2　次の日本語文を、与えられた語句を手がかりにドイツ語にしましょう。

1) 君の得意なことは何ですか（何を上手にできますか）？　gut / machen / können

2) 君は今日、授業後に何をしなければならないの？　nach / r Unterricht / machen / müssen

3) 私は何をしたらいいのでしょう？　sollen

4) 君は何が好きなの？　mögen

5) 君は夏休みにどこに行くつもりなの？　wohin / in / Sommerferien (pl.)

6) 君はどの町を訪れたいの？　welcher / e Stadt / besuchen / möchte

文法練習 3　与えられた語句を手がかりに、従属の接続詞を使ってドイツ語の文章を作りましょう。

1) 雨が激しく降っているにもかかわらず、子供たちはサッカーをしています。
   obwohl / regnen / stark

2) もし、君がすでに16歳以上ならば、私は君にこの映画をすすめます。
   schon / über / empfehlen / dieser Film

3) 君は、彼女が病気かどうか知っていますか？　wissen / krank / sein

4) 明日、試験があるので息子は一生懸命勉強します。　eine Prüfung / mein Sohn / fleißig

5) 私は、君がすぐに良くなることを望みます。　hoffen / wieder gesund / bald

会話練習 1
例を参考にイラストについて会話しましょう。

Beispiel

Darf man hier rauchen? Nein, hier darf man nicht rauchen.

_____? _____

_____? _____

_____? _____

_____? _____

_____? _____

 können で言い換えることもできるね！
以下のイラストについても調べてみよう。

会話練習 2
下のイラストを参考に、クラスメートと会話しましょう。

Beispiel

Was willst du heute machen? — Heute will ich in die Bibliothek gehen.

Kannst du gut Deutsch sprechen? — Ja/Nein, _____.

Was sollst du — Ich _____.

Möchtest du —

 主語を、ihr/wir/dein Bruder/deine Schwester などに置き換えてみましょう。

Was wollt ihr am Wochenende machen? — Am Wochenende wollen wir ans Meer gehen.

spielen　　　　　　**sprechen**　　**lesen**

Tennis　Fußball　Tischtennis　Baseball　Klavier　Gitarre　Deutsch　Englisch　Bücher　Zeitungen

gehen

schwimmen　singen　reiten　joggen　jobben　Hausaufgaben machen　ans Meer　in die Berge　in die Bibliothek

Lektion 8 — Kannst du gut Deutsch sprechen?

B

会話・作文練習 1　音声を聞いて、内容について考えましょう。

学生生活のひとコマの会話だよ！

Dialog　*Auf dem Campus*

Oskar：　Hallo, Christine! Hast du jetzt Zeit?
Christine：Jetzt? Nein, jetzt habe ich leider keine Zeit. Aber ab 16 Uhr habe ich Zeit.
Oskar：　Gut. Ich möchte dich um deine Hilfe bitten. Darf ich?
Christine：Ja, klar! Was ist denn?
Oskar：　Ich ...

例を参考にDialogについて、パートナーと会話しましょう。

Beispiel

Wann hat Christine Zeit? — Ab 16 Uhr hat sie Zeit.

Worum möchte Oskar sie bitten? —

Was muss er machen? —

Was ist das Thema? —

Wo treffen sich Oskar und Christine? —

Was möchte Oskar machen? —

▶ sich treffen：会う（参：Lektion 9）

スクリプトを読んで、内容を確認しましょう。

会話・作文練習 2　会話中のWollen～？「～しませんか？」と、63ページのイラスト語彙を使って、クラスメートを誘ってみましょう。

Beispiel

Wollen wir ins Kino gehen? — Ja, sehr gern! / Das ist eine gute Idee!

Wollen _____ ?

Wollen _____ ?

Wollen _____ ?

Wollen _____ ?

Lesen 8

Reisen mit der Eisenbahn

Hast du schon einmal allein eine Reise gemacht? Ich möchte dir Reisen mit der Eisenbahn empfehlen, wenn du nach Deutschland fährst.
In Deutschland fährt jeder Zug relativ pünktlich ab und kommt auch rechtzeitig an. Heute kann man sich auf der Homepage der Deutschen Bahn gut informieren.
Aber wenn du in Deutschland bist, kannst du am Bahnhof an der Reiseinformation einfach fragen, um wie viel Uhr der Zug abfährt oder am Zielort ankommt.
Die Fahrt auf das Land ist sehr gemütlich. Die Landschaft vom Fenster aus ist wunderschön. Das macht viel Spaß.
Ich wünsche dir eine gute Reise!

文法補足 ①　動詞の省略

状況などから、あるいは文末に置かれる動詞が明らかなときなど、話法の助動詞は単独で使われる場合もあります。

Sie **kann** Deutsch.	彼女はドイツ語ができる。
Er **muss** nach Hause.	彼は帰宅しなければならない。
Darf ich?	よろしいですか？

文法補足 ②　話法の助動詞のなかまたち

使役の助動詞　lassen

jn 不定詞 lassen：人⁴に〜をさせる、人⁴に〜をしてもらう

Der Lehrer **lässt** die Schüler antworten.　　教師は生徒たちに答えさせる。
Ich **lasse** den Chef eine Empfehlung schreiben.　　私は上司に推薦状を書いてもらう。

知覚動詞　sehen / hören

jn 不定詞 sehen / hören：人⁴が〜しているのを見る / 聞く

Wir **sehen** oft die Leute Fußball spielen.　　私たちはその人たちがサッカーをしているのをよく見かけます。
Ich **höre** das Mädchen fröhlich singen.　　私はその少女が嬉しそうに歌っているのを聞く。

未来の助動詞（未来形）werden

軽めの意思：「〜しようと思う」　▶とくに1人称で
　Heute Nachmittag **werde** ich in die Stadt gehen.　　今日の午後、町へ行こうと思います。

推量：「〜だろう」　▶とくに3人称で
　Er **wird** wohl jetzt in München sein.　　彼は今ごろミュンヘンでしょう。

命令（強制）：「〜しなさい！」　▶2人称で
　Du **wirst** sofort ins Bett gehen!　　すぐに寝なさい！

この課で覚えるべき単語10個（補足）　＊これ以外に、使用頻度の高かった単語も覚えよう!!
目指せ、独検（「ドイツ語技能検定」）5級合格!!

Erkältung	風邪	Spaß	
Geld		hoffen	
Idee		regnen	雨が降る
Prüfung		gesund	
Referat		stark	

Lektion 8　Kannst du gut Deutsch sprechen?

Lektion 9 Wofür interessierst du dich?

1 zu不定詞句

不定詞の前にzuを置いたものをzu 不定詞と呼び、これを含む句をzu不定詞句といいます。zu不定詞とzu不定詞句は「～すること」となり、名詞のように扱うことができます。

❶ 不定詞と不定詞句

不定詞句とは文章の基本となるまとまりで、不定詞は常に文末に置かれます。zu不定詞句では、その不定詞の前にzuを置きます。

不定詞	不定詞句
lernen 学ぶ	**fleißig Deutsch lernen** 熱心にドイツ語を学ぶ
zu不定詞	**zu不定詞句**
zu lernen 学ぶこと	**fleißig Deutsch zu lernen** 熱心にドイツ語を学ぶこと

不定詞句の語順は日本語と似ているよ！
目的語や副詞などは、不定詞の前！

💡 分離動詞のときは前つづりと基礎動詞の間！
an|rufen → an**zu**rufen　～に電話すること
ab|fahren → ab**zu**fahren　出発すること

練習 次の語句をzu不定詞句にしてみましょう。
1) heute Abend meine Tante besuchen　_____
　今晩私の伯母を訪ねる
2) morgen früh auf|stehen　_____
　明日早く起きる
3) sehr gut Deutsch sprechen können　_____
　ドイツ語をとても上手に話すことができる

助動詞と用いることもあるね！

❷ zu不定詞句の用法

zu不定詞句は名詞的に用いられることが多く、文の主語や目的語になります。また、zu不定詞句は原則としてコンマで他の部分と区切られます。ただし、zu不定詞を単独で用いる場合には区切られません。

① 主語や述語として
　Deutsch zu lernen ist sehr interessant.　ドイツ語を学ぶことはとても興味深い。
　Es ist sehr interessant, **Deutsch zu lernen**.　ドイツ語を学ぶことはとても興味深い。

主語や述語となるzu不定詞句はesで置き換えることができるね。主語以外ではよく省略されるよ！

　Mein Traum ist (es), **in Zukunft in Deutschland zu arbeiten**.
　　　　　　　　　　　　　私の夢は将来ドイツで働くことだ。

② 目的語として
　Er verspricht seiner Mutter, **morgen früh aufzustehen**.
　　　　　　　　彼は（彼の）母親に、明日早く起きることを約束する。

③ 名詞の付加語として
　Hast du Lust, **mit mir ins Kino zu gehen**?　君は私と映画に行く気ある？

④ 副詞的用法　um/statt/ohne
前の名詞を修飾するね

um......zu ～するために
Lena geht zur Post, **um ein Paket aufzugeben**.　レーナは小包を送るために郵便局へ行きます。

statt......zu ～する代わりに
Mein Bruder sieht zu Hause einen Film, **statt ins Kino zu gehen**.
　　　　　　　私の兄は映画に行く代わりに家で映画を見ます。

ohne......zu ～することなしに
Der Student nimmt am Unterricht teil, **ohne sich darauf vorzubereiten**.
　　　　　　　その学生は予習することなしに（しないで）、授業に参加します。

Grammatik

2 再帰代名詞と再帰動詞

❶ 再帰代名詞

文の中で主語と同じもの、「自分自身」を表す代名詞を再帰代名詞と呼びます。再帰代名詞には、4格「自分自身を」、3格「自分自身に」の形があります。

	1人称	2人称（親称）	3人称	Sie（敬称）
1格	ich	du	er sie es	Sie（敬称）
3格	mir	dir	sich	sich
4格	mich	dich		
1格	wir	ihr	sie	Sie（敬称）
3格	uns	euch	sich	sich
4格				

再帰代名詞は「〜自身」を表すよ！

敬称も、再帰代名詞は小文字だよ！

4格「自分自身を」

Er wäscht sich⁴. 彼は自分自身の体を洗う。

Er wäscht ihn. 彼は彼（主語とは別の人）の体を洗う。

3格「自分自身のために」

Sie kauft sich³ ein T-Shirt. 彼女は自分にTシャツを買う。

Sie kauft ihr ein T-Shirt. 彼女は彼女（主語とは別の人）にTシャツ買う。

❷ 再帰動詞

再帰代名詞（主に4格）と結びつけて、1つのまとまった意味をあらわす動詞を再帰動詞といいます。

`sich⁴ setzen` 座る
Er setzt sich⁴ auf das Sofa. 彼はソファーに座る。

jm/sich³: 人／自身の3格
jn/sich⁴: 人／自身の4格
et³: 物・事の3格
et⁴: 物・事の4格

`sich⁴ auf et⁴ freuen` 〜を楽しみにしている
Ich freue mich auf die Sommerferien. 私は夏休みを楽しみにしています。

`sich⁴ an et⁴/jn erinnern` 〜を思い出す、覚えている
Er erinnert sich⁴ noch an seine Großeltern. 彼はまだ彼の祖父母のことを覚えています。

`sich⁴ für et⁴/jn interessieren` 〜に興味を持つ
Wir interessieren uns für klassische Musik. 私たちはクラシック音楽に興味があります。

練習 以下の動詞に再帰代名詞を補って人称変化させましょう。

1) sich⁴ über et⁴/jn ärgern 〜に腹を立てる

ich _____ _____   wir _____ _____
du _____ _____   ihr _____ _____
er _____ _____   sie _____ _____
        Sie _____

2) sich⁴ beeilen 急ぐ

ich _____ _____   wir _____ _____
du _____ _____   ihr _____ _____
er _____ _____   sie _____ _____
        Sie _____

Lektion 9 Wofür interessierst du dich?

Übungen

文法練習 1　以下より適切なものを選び、zu不定詞句に直して前の文章につなげましょう。

> mit mir shoppen gehen / Schauspielerin werden / seinen Lehrer besuchen / am Wochenende für den Test lernen / das Rauchen auf|geben

1) Es it sehr schwer, _____
   禁煙することは難しい。
2) Mein Bruder fährt nach München, um _____
   私の兄は彼の先生を訪問するためにミュンヘンへ行きます。
3) Hast du Lust, _____
   君は私とショッピングに行く気はありますか？
4) Lena verspricht ihrer Mutter, _____
   レーナは彼女の母親に、週末はテストのために勉強することを約束します。
5) Mein Traum ist, _____
   私の夢は、俳優になることです。

文法練習 2　適切な再帰動詞・代名詞を選び変化させて、語彙を補って文章を完成させましょう。

> sich⁴ für et⁴/jn interessieren　sich³ et⁴ an|sehen　sich über et⁴/jn ärgern
> sich⁴ auf et⁴ freuen　sich⁴ an et⁴/jn erinnern

1) _____
   私は私の誕生パーティー (meine Geburtstagsparty) を楽しみにしています。
2) _____
   あなたはグリム童話 (die Märchen der Brüder Grimm) に興味がありますか？
3) _____
   彼は彼の子供時代 (seine Kindheit) のことをよく (oft) 思い出す。
4) _____
   私の父はいつも (immer) 政治家ら (die Politiker) に腹を立てます。
5) _____
   君は今夜その映画 (r) を観るの？

文法練習 3　次のドイツ語の文章には語順、動詞の人称変化、冠詞の格変化について、1つの誤りがあります。正しく書き直しましょう。

間違いを見付けよう

1) Mein Sohn freuen sich über das Geburtstagsgeschenk.　(sich⁴ über et⁴ freuen 〜を喜ぶ)
   ⇒ _____
2) Ich merke mich deine Handynummer.　(sich³ et⁴/jn merken 〜を覚えておく)
   ⇒ _____
3) Er muss ihm beeilen.　(sich⁴ beeilen 急ぐ)
   ⇒ _____
4) Yurina fährt nach Deutschland, um zu Medizin studieren.
   ⇒ _____
5) Hast du Lust, morgen um 6 Uhr zu aufstehen?
   ⇒ _____

会話練習 1　イラストと語彙を参考に、質問に答えましょう。

🎧 59

Alex: Fußball	Herr Ono: Musik	Yuka: Kunst	Julia: Mode	dein Bruder: Politik	der Student: Umweltschutz

Lektion 9 — Wofür interessierst du dich?

 Wofür interessiert sich Alex?

 Wofür interessiert sich Herr Ono?

 Wofür interessiert sich Yuka?

 Wofür interessiert sich Julia?

 Wofür interessiert sich dein Bruder?

 Wofür interessiert sich der Student?

 会話を参考に、友達と会話してみよう。

主語が名詞の時の人称代名詞や再帰代名詞の位置に注意!

Wofür interessierst du dich?

Interessierst du dich für *Musik*?

会話練習 2　zu不定詞句に直して質問しましょう。また、質問に答えましょう。

Ich gehe morgen ins Museum.
Hast du Lust, mit mir _____?

Nein, _____.

Wir gehen heute Abend Bier trinken.
Hast du Zeit, _____?

Ja, _____.

Am Wochenende reise ich nach Berlin.
Hast du Lust, _____?
　
Nein, _____.

Wir machen am Samstag eine Party.
Hast du Lust, mit uns _____?

Ja, _____.

Ich nehme an diesem Seminar teil.
Hast du auch Lust, _____?

Ja/Nein, _____.

B

会話・作文練習 1   音声を聞いて、内容について考えましょう。

Dialog   *Nach dem Unterricht*

Emma: Es tut mir leid, dass ich zu spät komme. Der Bus hatte Verspätung.

▶ hatte 過去形（参：Lektion10）

Maria: Kein Problem. Setz dich doch zu uns!
Lena: Hallo, Emma! Wir unterhalten uns gerade darüber, was wir am Wochenende machen.
Maria: Morgen gehen wir einkaufen. Seit gestern findet der Schlussverkauf bei Galeria Kaufhof statt. Ich möchte......

 例を参考にDialogについて、パートナーと会話しましょう。

Worüber unterhalten sich Lena, Maria und Emma?   Sie unterhalten sich über das Wochenende.

Was findet im Kaufhaus statt?

Hat Emma Lust, mit Marie und Lena ins Museum zu gehen?

Wer interessiert sich für Kunst?

Wer interessiert sich für Mode?

Wofür interessiert sich Emma?

 Worauf freuen sie sich?　スクリプトを読んで、内容を確認しましょう。

Feuerwerk　　Weihnachten　　das Oktoberfest　　Geburtstag　　Konzert

Worauf freut sich Emma?　_____.

Worauf freut sich Lena?　_____.

Worauf freut sich Maria?　_____.

 Wofür interessierst du dich? Worauf freust du dich?　パートナーと会話しましょう。

Lesen 9

Weihnachtsmarkt

Hast du schon einmal einen Weihnachtsmarkt besucht? Ich habe vor, diesen Winter zum ersten Mal den Weihnachtsmarkt in Nürnberg zu besuchen. Ich freue mich schon darauf, dass ich nächsten Monat nach Nürnberg reise. Der Nürnberger Christkindlesmarkt ist einer der ältesten und berühmtesten Weihnachtsmärkte der Welt. Dort gibt es seit 1999 die Nürnberger Kinderweihnacht auf dem Hans-Sachs-Platz.
Frohe Weihnachten!!

文法補足 ①

- **sein zu 不定詞「〜されうる、〜されなければならない」**

Seine Frage ist schwer zu beantworten.　彼の質問に答えるのは難しい。
Das Auto ist sofort zu reparieren.　この車はすぐに修理されなければならない。

- **haben zu 不定詞「〜するものがある、〜しなければならない」**

Er hat heute viel zu tun.　彼は今日、することが沢山ある。
Ich habe heute noch zu arbeiten.　私は今日、まだ仕事をしなければならない。

文法補足 ②

- **体の部位を表す名詞と用いる所有の3格　「自分の〜」**

Ich wasche mir die Hände.　私は（私の）手を洗う。
Maria putzt sich die Zähne.　マリアは（自分の）歯を磨きます。

- **主語が複数形の場合：相互的用法　「お互いに」**

Meine Eltern verstehen sich sehr gut.　私の両親は（お互いに）理解しあっています。

この課で覚えるべき単語10個（補足） *これ以外に、使用頻度の高かった単語も覚えよう!!
目指せ、独検（「ドイツ語技能検定」）5級合格!!

Kindheit		sich beeilen
Kunst	芸術	sich setzen
Lust		statt|finden
Politiker/-in		versprechen
Umweltschutz		interessant　興味深い

Lektion 10　Was hast du am Wochenende gemacht?

1　動詞の3基本形　—二つの過去表現—

ドイツ語では過去の出来事を表現する方法が二通りあります。それは「過去形」と「現在完了形」で、そこに含まれるニュアンス、表現形式が異なります。まずは、動詞の3基本形を学びましょう。

	不定詞	過去基本形	過去分詞	
規則変化 （弱変化）	語幹 en/n	語幹 te	ge 語幹 t	※語幹が -d、-t などで終わる動詞は語幹の後ろに e を加えます。 ※-ieren で終わる動詞は規則変化となり、過去分詞には ge- を付けません。
	lernen	lernte	gelernt	
	arbeiten	arbeitete	gearbeitet	
	studieren	studierte	▲studiert	
不規則変化 （強変化）	語幹 en/n	▲	ge ▲ en	※過去基本形は変音した語幹のみで、過去分詞は -en で終わります。
	kommen	kam	gekommen	
	schreiben	schrieb	geschrieben	
不規則変化 （混合変化）	語幹 en/n	▲ te	ge ▲ t	※過去基本型、過去分詞ともに語尾および前つづりだけは規則変化と同じになります。
	denken	dachte	gedacht	
	kennen	kannte	gekannt	
話法の助動詞	können	konnte	können(gekonnt)	

特殊な変化をする sein / haben / werden

不定詞	過去基本形	過去分詞
sein	war	gewesen
haben	hatte	gehabt
werden	wurde	geworden

分離動詞と非分離動詞

不定詞	過去基本形	過去分詞	
ab|fahren	fuhr...ab	abgefahren	※非分離動詞では、過去分詞の前つづり ge- を付けません。
besuchen	besuchte	▲besucht	

🐥 語尾に注意しよう

💡 辞書では、不規則動詞には「＊」などの印が付されています。
教科書の巻末にある主要不規則動詞変化表をじっくり読解して、いくつかのグループに分けてみましょう。
例：**bleiben－blieb－geblieben / schreiben－schrieb－geschrieben / steigen－stieg－gestiegen
brechen－brach－gebrochen / sprechen－sprach－gesprochen / helfen－half－geholfen**

練習 次の動詞の3基本形を記入しましょう。また、☐ の中から同様の変化をする動詞を挙げなさい。

| hören 聞く | spielen 遊ぶ | waschen 洗う | wachsen 成長する | trinken 飲む | singen 歌う |
| geben 与える | sehen 見る | halten 保つ | fallen 落ちる | denken 考える | nennen 名付ける |

不定詞	過去基本形	過去分詞	同様の変化をする動詞
kaufen 買う			
tragen 運ぶ			
finden 見つける			
lesen 読む			
schlafen 眠る			
bringen 持って行く			

Grammatik

2 過去形（書き言葉の過去表現）

過去形は特別なニュアンスを表現する場合を除いて、手紙や小説などの書き言葉で多く用いられ、会話では使われません。しかし、sein、haben、話法の助動詞は、会話でも過去形を用います。

Der Schriftsteller war früher in Deutschland. その作家は以前ドイツにいました。
Aber er konnte damals wenig Deutsch sprechen. だが彼はその当時、ドイツ語をあまり話すことが出来なかった。
Er hatte allerdings viele deutsche Freunde. とは言え、彼には沢山のドイツ人の友人たちがいました。

過去人称変化：規則動詞、不規則動詞、話法の助動詞とも同じパターンで変化。

不定詞		sein			
過去基本形		war			
ich	▲	war▲	wir	-(e)n	waren
du	-st	warst	ihr	-t	wart
er	▲	war▲	sie / Sie	-(e)n	waren

語尾の変化は話法の助動詞と同じだよ

練習 与えられた動詞を過去形に直して下線に入れましょう。

1) Wo _____ ihr am Wochenende? – Wir _____ zu Hause. (sein)
   君たちは週末どこにいたの？　　　　　　　　私たちは家にいました。
2) _____ du damals wirklich Auto fahren. – Ja, ich _____ sehr gut Auto fahren. (können)
   君はその当時 本当に車を運転できたの？　　はい、私はとても運転するのが上手かったです。
3) _____ dein Bruder früher ein Motorrad? – Nein, er _____ kein Motorrad. (haben)
   君のお兄さんは以前バイクを持っていましたか？　いいえ、彼はバイクを持っていませんでした。

話法の助動詞の過去基本形

不定詞	dürfen	können	müssen	sollen	wollen	mögen	möchte
過去基本形	durfte	konnte	musste	sollte	wollte	mochte	wollte

3 現在完了形（話し言葉の過去表現）

現在完了形は、日常の会話表現や個人的な手紙、メールなどで使われます。

Ich habe gestern den ganzen Tag gearbeitet. 私は昨日、一日中仕事をしていました。
Nach der Arbeit bin ich ins Restaurant gegangen. 仕事の後で、私はレストランに行きました。

語順
現在完了形の文では、2番目に完了の助動詞habenまたはseinが、そして文末に過去分詞が置かれる枠構造となっています。

haben支配
- 他動詞（4格目的語を取る動詞）
- sein 支配以外の自動詞
  例) arbeiten, helfen など

sein支配
- 他所への移動を表す自動詞：gehen, fahren, kommen, fliegen など
- 状態の変化を表す自動詞：werden, wachsen, sterben, aufstehen, einschlafen など
- 突発的な出来事を表す自動詞：geschehen, erscheinen など
- その他：sein, bleiben, begegnen など

練習 (　) に haben か sein の人称変化形を入れましょう。

1) Wir (　　　) uns am Sonntag einen Film von Fatih Akin angesehen.
   　　　　　　　　　　　　　　　　　　　私たちは日曜日にファティ・アキンの映画を見ました。
2) Ich (　　　) gestern bis spät in die Nacht gearbeitet. 私は昨日、夜遅くまで働きました。
3) Um wie viel Uhr (　　　) du heute aufgestanden? 君は今日何時に起きたの？
4) Damals (　　　) ich mit dem Zug nach Wien gereist. 当時、私は列車でウィーンへ旅行しました。

Lektion 10　Was hast du am Wochenende gemacht?

Übungen

文法練習 1　以下の文の下線部に完了の助動詞を、(　)に与えられた動詞の過去分詞を入れましょう。そして全体を和訳しましょう。

1) Ich _____ gestern mit den Freunden Tennis (　　　). spielen
   和訳：_____

2) Nach dem Unterricht _____ ich meine Freundin (　　　). treffen
   和訳：_____

3) Wir _____ zusammen in die Stadt (　　　). gehen
   和訳：_____

4) Wir _____ in einem Café eine Tasse Tee (　　　) und zu Mittag (　　　). trinken / essen
   和訳：_____

5) Das Kind _____ sich über das Geschenk (　　　). freuen
   和訳：_____

文法練習 2　以下の文を現在完了形にしなさい。

1) Ich stehe heute früh auf.　_____
2) Ich frühstücke um 7 Uhr.　_____
3) Um 8 Uhr nehme ich den Zug.　_____
4) Mein Freund spricht mich an.　_____
5) Wir unterhalten uns über einen Film.　_____

文法練習 3　与えられた語句を手がかりにして、次の文を現在完了形（あるいは過去形）にしましょう。

1) その教師は学生たちに質問をし、彼らは彼女に答えた。　fragen / antworten / Lehrerin (e)

2) 私たちはその店で買い物をしました。そのさい、私はジャケットを買いました。
   Geschäft (s) / Einkäufe (pl.) / machen / Jacke (e) / dabei / kaufen

3) 私の同僚は私に電話をした。しかし、家には誰もいなかった（過去形で）。
   Kollege (r) / anrufen / niemand / zu Hause

4) 私は昨日、一日中、家の掃除をしていました。両親は庭の手入れをしていました。
   den ganzen Tag / Wohnung (e) / aufräumen / Eltern (pl.) / pflegen

5) 私はその本をすでに読み終えました。私はその本がとても気に入りました。
   durch|lesen / schon / sehr / gefallen

Sprechen / Schreiben / Hören — A

会話練習 1 例を参考に、「～したことがありますか」、「～することができましたか」について、会話しましょう。

Warst du schon einmal in *Deutschland*?

Ja, vor einem Jahr war ich einmal *in Dresden*.
Nein, aber ich war einmal *in Österreich, in Graz*!

Hattest du schon mal *Grippe*?

Nein, noch nie.

Konntest du *gut Tennis spielen*?

Ja, ich konnte *sehr gut Tennis spielen*.

einmal / schon einmal (mal)	一度
schon oft	もう何度も
nur einmal	一度だけ
noch nie	一度も…ない

vor … Tagen/Wochen/Monaten/Jahren	…日/週/ヵ月/年 前に
letzte Woche	先週
letzten Monat	先月
letztes Jahr	去年

Lektion 10 — Was hast du am Wochenende gemacht?

1) sein / einmal (schon mal) /in Prag
   A: _____?
   B: _____.

Schnupfen　Durchfall　Hexenschuss　Zahnschmerzen

Kopfschmerzen　Magenschmerzen　Augenschmerzen

2) haben / Hexenschuss（ぎっくり腰）
   A: _____?
   B: _____.

Ski fahren / Schlittschuh laufen / Klavier (Gitarre, Geige) spielen /
Tennis (Volleyball, Fußball) spielen / tanzen / schwimmen / reiten

3) können / Snowboard fahren
   A: _____?
   B: _____.

クラスメートにいろいろなことを質問してみよう！

会話練習 2 次の質問に自身の立場からドイツ語で答えてみましょう。

1) Was hast du gestern gemacht?
   _____

2) Was hast du am Wochenende gemacht?
   _____

3) Was hast du als Kind gern gemacht?
   _____

in der Bibliothek lernen　　shoppen gehen　　Tennis spielen

kochen / Kuchen backen　　einen Ausflug machen　　ans Meer fahren

B Sprechen / Schreiben / Hören

読んでみよう！

 会話・作文練習 1 （　）には□□の中より適切な動詞を選び、過去形にして、物語を完成させましょう。

| wohnen | zeigen | spielen | singen | tanzen | arbeiten | sein |
| machen | können | probieren | haben | besuchen | geben | |

Früher (　　　) es dort eine Buchhandlung. Daneben (　　　) eine Familie aus Würzburg. Der Vater (　　　) als Dolmetscher bei einer Firma. Im Park (　　　) die Kinder oft Fußball. Sie (　　　) und (　　　) auch sehr gut. Eines Sonntags (　　　) ich mit meiner Schwester die Familie. Die Mutter (　　　) deutsches Essen für uns. Wir (　　　) alles. Sie (　　　) uns schöne Fotos von ihrer Heimatstadt. Damals (　　　) ich erst 12 Jahre alt und (　　　) wenig Englisch. Aber wir (　　　) zusammen eine schöne Zeit.

 会話・作文練習 2 音声を聞いて、内容についてクラスメートと会話しましょう。

Beispiel
Wo hat Lena ihre Kindheit verbracht? — Sie hat ihre Kindheit in Salzburg verbracht.

- Wann zog Lena nach München um?
- Was für ein Haustier hatte Lena?
- Was hat sie damals oft gemacht?
- Was ist ihr Traumberuf?

スクリプトをみて、クラスメートと内容を確認してみよう。そして、パートナーと子供時代について会話しましょう。

- Was für ein Haustier hattest du?
- Was hast du als Kindheit gern gemacht?
- Was ist dein Traumberuf?
- Was……

Dialogとスクリプトを参考に、自分の子供時代の思い出を作文してみましょう。

Lesen 10

Mein erstes Studienjahr: Alles war ganz neu

Ich habe dieses Jahr vieles erlebt. Im April habe ich mit meinem Studium angefangen. Ich bin endlich Student geworden! Als Fremdsprachen lerne ich Deutsch und Englisch. Ich muss fleißig lernen, weil der Unterricht sehr anstrengend ist. Ich habe trotzdem immer viel Spaß dabei. Ich habe eigentlich gedacht, dass Deutsch sehr schwer ist. Aber die Aussprache ist einfach. Die Grammatik finde ich kompliziert, aber interessant. Im Seminar haben wir Deutsch mit Englisch verglichen, dann habe ich ein Referat gehalten. Jetzt interessiere ich mich um so mehr für Deutsch!

Als ich in den Winterferien zu meiner Familie zurückgefahren bin, habe ich viel mit meinen Eltern gesprochen. Ich habe mich entschieden, nächstes Jahr nach Deutschland zu fahren und dort an einem Deutschkurs teilzunehmen. Ich möchte nicht nur mein Deutsch verbessern, sondern auch viele Leute und andere Kulturen kennenlernen.

従属の接続詞 ②

従属の接続詞の中には、通常、過去の出来事を表現するのに使われるものがあります。

als 〜したとき／〜であったとき　　**nachdem** 〜した後で　　**sobald** 〜するやいなや

Als ich ihr ein Geschenk gegeben habe, hat sie sich sehr gefreut.
　彼女にプレゼントをあげたとき、彼女はとても喜びました。

過去完了形

nachdemやsobaldを使う時など、過去の出来事の前後関係をはっきりさせるために、過去完了形を使うことがあります。過去完了形では、完了の助動詞をhaben → hatte、sein → warにします。

Nachdem ich ihn angerufen hatte, bin ich abgefahren.
　私は彼に電話をしてから、出発しました。

Sobald der Zug angekommen war, sind viele Leute eingestiegen.
　列車が到着するやいなや、多くの人々が乗車しました。

この課で覚えるべき単語10個（補足） ＊これ以外に、使用頻度の高かった単語も覚えよう!!
目指せ、独検（「ドイツ語技能検定」）5級合格!!

allerdings		schreiben	
damals		verbringen	
früher		verbessern	
aufräumen		Fremdsprache/-n	
bleiben	とどまる	Kultur	文化

Lektion 10　Was hast du am Wochenende gemacht?

Wintersemester

1 下線部には冠詞の語尾を、（ ）には前置詞または融合形を入れて文を完成させましょう。

| für | an | zwischen | auf | bei | zur | ins | mit | mit | durch | in | zum |

1) Die Eltern setzen die Kinder (　　　　) d_____ Bank.
   両親は子供たちをベンチ (e) へ座らせます。
2) Das Sofa steht (　　　　) d_____ Bücherregal und d_____ Fernseher.
   そのソファは本棚 (s) とテレビ (r) の間にあります。
3) Ich fahre (　　　　) d_____ U-Bahn (　　　　) Universität.
   私は地下鉄 (e) で大学 (e) へ行きます。
4) Wir gehen (　　　　) d_____ Park (　　　　) Bahnhof.
   わたしたちは公園(r)を通って駅(r)へ行きます。
5) Max wohnt (　　　　) sein_____ Großvater.
   マックスは彼の祖父(r)のところに住んでいます。

2 下線部分に分離動詞を正しい形にして入れよう！

1) Die U-Bahn _____ pünktlich _____.　　地下鉄は定刻に出発する。　　(ab|fahren)
2) _____ mich morgen _____ !　　(君) 明日私に電話してね！　　(an|rufen)
3) Was _____ du am Wochenende _____ ?　　君は週末に何をするの？　　(vor|haben)
4) Wann _____ der Unterricht_____ ?　　授業は何時に始まりますか？　　(an|fangen)

3 与えられた語句を参考にして作文しよう！

1) 窓を開けましょうか。　　　　　　　　　　sollen / auf|machen / das Fenster
   _____.
2) 君はどの映画が好きなの？　　　　　　　　mögen / welcher / r Film
   _____.
3) 君たちは冬休みにどこに旅行するつもりなの？　wohin / in den Winterferien / wollen
   _____.
4) 君はどのワンピースを買いたいの？　　　　welches / s Kleid / kaufen / möchte
   _____.
5) ここでタバコを吸ってはいけません。　　　dürfen / hier / rauchen / man
   _____.

4 与えられた語句を手がかりに、従属の接続詞を使ってドイツ語の文章を作ろう！

1) 雨が激しく降っているにもかかわらず、学生たちは外でテニスをしています。
   obwohl / regnen / stark / draußen
   _____.
2) もし時間があれば、私は明日美術館へ行きます。
   Zeit / morgen / ins Museum / wenn
   _____.
3) 明日 試験があるので私は一生懸命勉強します。
   eine Prüfung / ich / fleißig / weil
   _____.
4) 彼は私の姉が まだ未婚であることを知っている。
   wissen / ich / dass / noch ledig
   _____.

5 　□の中から、適切なものを選び、zu不定詞句に直して下線にいれよう！

morgen eine Reise nach Österreich machen / Schauspielerin werden /
nach Deutschland fahren / mit mir ins Kino gehen

1) Haben Sie Lust, _____?
   あなたは私と映画に行く気はありますか？

2) Er hat vor, _____.
   彼は明日オーストリアへ旅行をするつもりです。

3) Mein Traum ist, _____.
   私の夢は、女優になることです。

4) Mein Bruder lernt fleißig Deutsch, um _____
   私の兄はドイツへ行くために熱心にドイツ語を勉強しています。

6 　□の中から適切な再帰動詞・代名詞を変化させて語彙を補って、文章を完成させよう！

sich⁴ für et⁴/jn interessieren　　sich³ et⁴ an|sehen　　sich⁴ über et⁴/jn ärgern
sich⁴ auf et⁴ freuen　　sich⁴ an et⁴/jn erinnern

1) _____.
   私はもう冬休み (die Winterferien) を楽しみにしています。

2) _____.
   あなたは推理小説 (die Krimis) に興味がありますか？

3) _____.
   私の父は彼の子供時代 (seine Kindheit) のことをよく (oft) 思い出す。

7 　与えられた動詞を過去形にして下線に入れましょう。

1) Ich _____ mir gestern Abend einen Film _____. (an|sehen)
   私は昨晩映画を見ました。

2) Wo _____ ihr am Wochenende? (sein)
   君たちは週末どこにいたの？

3) _____ Sie damals Ski fahren? (können)
   あなたは当時スキーができたのですか？

8 　( )にhabenあるいはsein、下線部に動詞の過去分詞を入れて現在完了形の文章を作ろう！

1) Wann (_____) Sie heute _____? (auf|stehen)
   あなたは今日何時に起きましたか？

2) (_____) ihr schon den Roman „Die Leiden des jungen Werthers" _____? (lesen)
   君たちは既に『若きウェルテルの悩み』という小説を読みましたか？

3) Am Wochenende (_____) ich meinen Onkel _____. (besuchen)
   週末に私は私の叔父を訪問しました。

4) Mary (_____) gestern Abend mit ihrem Freund in die Kneipe _____. (gehen)
   メアリーは昨晩ボーイフレンドと居酒屋へ行きました。

Wintersemester

1 受動態

「〜される」を意味する受身の行為・動作は、受動の助動詞 werden と動詞の過去分詞を用いて表されます。werden が定動詞の位置に、過去分詞は文末に置かれます。

werden			
ich	werde	wir	werden
du	wirst	ihr	werdet
er	wird	sie	werden

動作受動

① 能動文の主語（動作主）が人の場合　von + 3格

Der Lehrer fragt den Schüler.　先生はその生徒に質問します。

Der Schüler wird vom Lehrer gefragt.　その生徒は先生に（よって）質問されます。

 能動文の4格目的語が受動文の主語になるよ！

動作主が人の時は von + 3格、原因や手段の時は durch + 4格になるね！

② 能動文の主語（動作主）が意思を持たない事物の場合　durch + 4格

Der Taifun zerstörte die Stadt.　台風はその街を破壊しました。（過去）

Die Stadt wurde durch den Taifun zerstört.　その街は台風によって破壊されました。（過去）

③ 能動文の主語が一般人称の man など不特定な場合または動作主を言う必要がない場合省略されます。

In Österreich spricht man Deutsch.　オーストリアでは（人は）ドイツ語を話します。

In Österreich wird Deutsch gesprochen.　オーストリアではドイツ語が話されます。

man は使わないよ！

状態受動

動作が完了した後の状態「〜されている」、「〜された状態である」を表す場合、状態受動が用いられます。これは sein と過去分詞で作られます。

動作受動	**Das Fenster wird geschlossen.**	窓は閉められる。
状態受動	**Das Fenster ist geschlossen.**	窓は閉まっている（閉められた状態である）。

2 前置詞+人称代名詞の融合形　da/dar+前置詞

物や事を表す人称代名詞が前置詞と結びつくときには、da/dar + 前置詞という形にして、前置詞と結合することがあります。＊母音で始まる前置詞のとき、dar + 前置詞になります。

Fahren Sie mit diesem Bus?　あなたはこのバスで行きますか？

事物の時だけだよ！

　Ja, ich fahre damit.　はい、私はそれで行きます。

Was liegt auf dem Tisch?　机の上に何が置いてありますか？

　Darauf liegt ein Kugelschreiber.　その上にボールペンが置いてあります。

3 形容詞の語尾変化

形容詞が名詞と用いられる場合、語尾が付きます。また、前に付く冠詞（無冠詞を含め）によって語尾変化には3つのタイプがあります。形容詞も冠詞のように性・格を示します。

1) 形容詞＋名詞

	男性	女性	中性	複数
1格	-er	-e	-es	-e
2格	-en	-er	-en	-er
3格	-em	-er	-em	-en
4格	-en	-e	-es	-e

定冠詞（類）の変化に似ているよ！ただし、男性・中性の2格は名詞の語尾に-(e)sが付いて格を示すから-enになるね！

Ich möchte frische Milch trinken.

2) 定冠詞（類）＋形容詞＋名詞

	男性	女性	中性	複数
1格	-e	-e	-e	-en
2格	-en	-en	-en	-en
3格	-en	-en	-en	-en
4格	-en	-e	-e	-en

男性1格、女性及び中性の1・4格以外は-e、それ以外は-enになるね！

Der neue Tisch gefällt mir.

3) 不定冠詞（類）＋形容詞＋名詞

	男性	女性	中性	複数
1格	-er	-e	-es	-en
2格	-en	-en	-en	-en
3格	-en	-en	-en	-en
4格	-en	-e	-es	-en

男性1格 -er、女性1・4格 -e、中性の1・4格 -es。それ以外は-enになるね。
＊男性1格、中性1・4格では性と格を示す！

Hier gibt es ein kleines Geschäft.

Step Up（発展）

4 比較表現

原級	klein	jung	alt	groß	hoch	nah	gut	viel	gern
比較級	kleiner	jünger	älter	größer	höher	näher	besser	mehr	lieber
最上級	kleinst	jüngst	ältest	größt	höchst	nächst	best	meist	am liebsten

a, o, u を含む形容詞はウムラウトするものが多いね！

-t, -d, -ß, -sch, -z で終わる形容詞は、最上級の語尾が -est になるよ！

1) so 原級 wie　　**Alex ist so groß wie ich.**　　アレックスは私と同じくらいの背の高さです。

2) 比較級 als　　**Max ist größer als ich.**　　マックスは私よりも背が高い。

3) am 最上級 -en　　**Ich spiele am liebsten Tennis.**　　私はテニスをするのが一番好きだ。

4) 定冠詞　形容詞の最上級 -e
　　Max ist der fleißigste in der Klasse.　　マックスはクラスで一番真面目だ。

最上級の語尾は格変化するよ！

Grammatik（文法一覧）

1 人称代名詞と動詞の人称変化

				wohnen	arbeiten	heißen
単数形	1人称	ich	-e	wohne	arbeite	heiße
	2人称（親称）	du	-st	wohnst	arbeitest	heißt
	3人称	er/sie/es	-t	wohnt	arbeitet	heißt
複数形	1人称	wir	-en/-n	wohnen	arbeiten	heißen
	2人称（親称）	ihr	-t	wohnt	arbeitet	heißt
	3人称	sie	-en/-n	wohnen	arbeiten	heißen
	2人称（敬称）	Sie	-en/-n	wohnen	arbeiten	heißen

2 sein haben werden

sein ～である			
ich	bin	wir	sind
du	bist	ihr	seid
er	ist	sie	sind
Sie		sind	

haben ～を持っている			
ich	habe	wir	haben
du	hast	ihr	habt
er	hat	sie	haben
Sie		haben	

werden ～になる			
ich	werde	wir	werden
du	wirst	ihr	werdet
er	wird	sie	werden
Sie		werden	

3 不規則変化

		a → ä fahren	e（短音）→ i sprechen	e（長音）→ ie sehen	nehmen	wissen
1人称	ich	fahre	spreche	sehe	nehme	weiß ▲
2人称	du	fährst	sprichst	siehst	nimmst	weißt
3人称	er	fährt	spricht	sieht	nimmt	weiß ▲

4 冠詞類

① 定冠詞

	男性	女性	中性	複数
1格	der Mann	die Frau	das Kind	die Kinder
2格	des Mann(e)s	der Frau	des Kind(e)s	der Kinder
3格	dem Mann	der Frau	dem Kind	den Kindern
4格	den Mann	die Frau	das Kind	die Kinder

❷　定冠詞類　定冠詞の語尾変化に準じるものを定冠詞類と言います。

dies**er** この	welch**er** どの	jed**er** どの〜も ＊単数のみ	all**er** すべての
jen**er** あの	solch**er** そのような	manch**er** かなり多くの	

 中性1・4格は dieses、女性と複数の diese 以外は、定冠詞と全く同じ語尾が付く。

❸　不定冠詞

	男性	女性	中性	複数
1格	ein　Kugelschreiber	eine　Uhr	ein　Buch	—　Bücher
2格	eines　Kugelschreibers	einer　Uhr	eines　Buch(e)s	—　Bücher
3格	einem　Kugelschreiber	einer　Uhr	einem　Buch	—　Büchern
4格	einen　Kugelschreiber	eine　Uhr	ein　Buch	—　Bücher

❹　所有冠詞・否定冠詞（kein）

1人称	ich	mein　私の	wir	unser　私たちの	
2人称	du	dein　君の	ihr	euer　君たちの	
3人称	er	sein　彼の			彼らの
	sie	ihr　彼女の	sie	ihr	彼女らの
	es	sein　それの			それらの
2人称敬	Sie	Ihr　あなたの、あなた方の			

不定冠詞と同じ変化をするよ！

5　人称代名詞

	単数					複数			敬称
	1人称	2人称	3人称	3人称	3人称	1人称	2人称	3人称	2人称敬称（単・複）
1格	ich	du	er	sie	es	wir	ihr	sie	Sie
3格	mir	dir	ihm	ihr	ihm	uns	euch	ihnen	Ihnen
4格	mich	dich	ihn	sie	es	uns	euch	sie	Sie

6　再帰代名詞

	1人称	2人称	3人称	1人称	2人称	3人称	2人称（敬）
1格	ich	du	er　sie　es	wir	ihr	sie	Sie
3格	mir	dir	sich	uns	euch	sich	sich
4格	mich	dich					

Grammatik（文法一覧）

7 前置詞

1) 2格支配の前置詞

statt：～の代わりに ／ trotz：～にもかかわらず ／ während：～の間 ／ wegen：～のために（理由）

2) 3格支配の前置詞

aus：～の中から、～出身の、～でできている ／ bei：～の近くに、（人などのいる所）～のもとで、～の際に
mit：～と一緒に、～で（手段） ／ nach：(中性名詞の地名・国名）へ、～のあとに ／ seit：～以来
von：(空間/時間）～から、～によって、～の（所有） ／ zu：(人・建物・催しなどのところ）～へ

3) 4格支配の前置詞

durch：～を通って、～によって ／ für：～のために ／ gegen：～に対して、～に反対して
ohne：～なしで ／ um：～の周囲に、～時に ／ bis：(空間・時間）～まで

4) 3・4格支配の前置詞

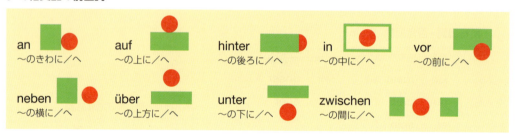

an ～のきわに／へ　　auf ～の上に／へ　　hinter ～の後ろに／へ　　in ～の中に／へ　　vor ～の前に／へ
neben ～の横に／へ　　über ～の上方に／へ　　unter ～の下に／へ　　zwischen ～の間に／へ

8 話法の助動詞の人称変化

	dürfen	können	müssen	sollen	wollen	mögen	möchte
おもな意味	してもよい	できる	ねばならない	すべきだ	したい	かもしれない	したいと思います
ich	darf	kann	muss	soll	will	mag	möchte
du	darfst	kannst	musst	sollst	willst	magst	möchtest
er/sie/es	darf	kann	muss	soll	will	mag	möchte
wir	dürfen	können	müssen	sollen	wollen	mögen	möchten
ihr	dürft	könnt	müsst	sollt	wollt	mögt	möchtet
sie/Sie	dürfen	können	müssen	sollen	wollen	mögen	möchten

9 従属の接続詞

wenn もし～ならば／～するときは(いつも) ／ dass ～ということ ／ ob ～かどうか ／
weil / da なぜならば～だからだ ／ bevor ～する前に ／ obwohl ～であるにもかかわらず
solange ～する限り[時間的に] ／ soweit ～する限り[範囲] ／ damit ～するために[目的]

10 三基本形

1) 規則変化動詞（弱変化動詞）

不定詞 語幹 en	過去基本形 語幹 te	過去分詞 ge 語幹 t
lernen	lernte	gelernt
arbeiten	arbeitete	gearbeitet

2) 不規則動詞（強変化動詞）

不定詞 語幹 en	過去基本形 ▲	過去分詞 ge ▲ en
kommen	kam	gekommen
schreiben	schrieb	geschrieben

3) 不規則動詞（混合変化動詞）

不定詞 語幹 en	過去基本形 ▲ te	過去分詞 ge ▲ t
denken	dachte	gedacht
nennen	nannte	genannt

4) 特殊な変化をする sein / haben / werden

不定詞	過去基本形	過去分詞
sein	war	gewesen
haben	hatte	gehabt
werden	wurde	geworden

5) 話法の助動詞（混合変化動詞）

不定詞 語幹 en	過去基本形 ▲ te	過去分詞 不定詞同形／(ge-t)
können	konnte	können(gekonnt)
wollen (möchte)	wollte	wollen(gewollt)

11 過去人称変化

人称変化語尾

ich	—	wir	-(e)n
du	-st	ihr	-t
er	—	sie/Sie	-(e)n

sein 過去基本形　war

ich	war▲	wir	waren
du	warst	ihr	wart
er	war▲	sie/Sie	waren

Grammatik（文法一覧）

主要不規則動詞変化表

不定詞		直説法現在	過去基本形	接続法第Ⅱ式	過去分詞
backen （パンなどを）焼く	du er	bäckst (backst) bäckt (backt)	**backte** (buk)	backte (büke)	**gebacken**
befehlen 命令する	du er	befiehlst befiehlt	**befahl**	befähle/ beföhle	**befohlen**
beginnen 始める、始まる			**begann**	begänne/ begönne	**begonnen**
bieten 提供する			**bot**	böte	**geboten**
binden 結ぶ			**band**	bände	**gebunden**
bitten 頼む			**bat**	bäte	**gebeten**
bleiben とどまる			**blieb**	bliebe	**geblieben**
braten （肉などを）焼く	du er	brätst brät	**briet**	briete	**gebraten**
brechen 破る、折る	du er	brichst bricht	**brach**	bräche	**gebrochen**
brennen 燃える			**brannte**	brennte	**gebrannt**
bringen 運ぶ、持ってくる			**brachte**	brächte	**gebracht**
denken 考える			**dachte**	dächte	**gedacht**
dürfen …してもよい	ich du er	darf darfst darf	**durfte**	dürfte	**gedurft/ dürfen**
empfehlen 推薦する	du er	empfiehlst empfiehlt	**empfahl**	empföhle/ empfähle	**empfohlen**
erschrecken 驚く	du er	erschrickst erschrickt	**erschrak**	erschräke/ erschreckte	**erschrocken**
essen 食べる	du er	isst isst	**aß**	äße	**gegessen**
fahren （乗物で）行く	du er	fährst fährt	**fuhr**	führe	**gefahren**
fallen 落ちる	du er	fällst fällt	**fiel**	fiele	**gefallen**

不定詞	直説法現在		過去基本形	接続法第Ⅱ式	過去分詞
fangen 捕える	*du* *er*	fängst fängt	**fing**	finge	**gefangen**
finden 見つける			**fand**	fände	**gefunden**
fliegen 飛ぶ			**flog**	flöge	**geflogen**
fliehen 逃げる			**floh**	flöhe	**geflohen**
fließen 流れる			**floss**	flösse	**geflossen**
frieren 凍る			**fror**	fröre	**gefroren**
geben 与える	*du* *er*	gibst gibt	**gab**	gäbe	**gegeben**
gehen 行く			**ging**	ginge	**gegangen**
gelingen 成功する			**gelang**	gelänge	**gelungen**
gelten 値する、有効である	*du* *er*	giltst gilt	**galt**	gölte	**gegolten**
genießen 享受する、楽しむ			**genoss**	genösse	**genossen**
geschehen 起こる	*es*	geschieht	**geschah**	geschähe	**geschehen**
gewinnen 獲得する、勝つ			**gewann**	gewönne/ gewänne	**gewonnen**
graben 掘る	*du* *er*	gräbst gräbt	**grub**	grübe	**gegraben**
greifen つかむ			**griff**	griffe	**gegriffen**
haben 持っている	*ich* *du* *er*	habe hast hat	**hatte**	hätte	**gehabt**
halten 持って（つかんで）いる	*du*	hältst	**hielt**	hielte	**gehalten**
hängen 掛っている			**hing**	hinge	**gehangen**
heben 持ち上げる			**hob**	höbe	**gehoben**

主要不規則動詞変化表

不定詞		直説法現在	過去基本形	接続法第Ⅱ式	過去分詞
heißen …と呼ばれる、という名前である			hieß	hieße	geheißen
helfen 助ける	du er	hilfst hilft	half	hülfe/ hälfe	geholfen
kennen 知る			kannte	kennte	gekannt
kommen 来る			kam	käme	gekommen
können …できる	ich du er	kann kannst kann	konnte	könnte	gekonnt (können)
laden （荷を）積む	du er	lädst lädt	lud	lüde	geladen
lassen …させる	du er	lässt lässt	ließ	ließe	gelassen (lassen)
laufen 走る	du er	läufst läuft	lief	liefe	gelaufen
leiden 悩む、苦しむ			litt	litte	gelitten
leihen 貸す、借りる			lieh	liehe	geliehen
lesen 読む	du er	liest liest	las	läse	gelesen
liegen 横たわっている			lag	läge	gelegen
lügen うそをつく			log	löge	gelogen
messen 測る	du er	misst misst	maß	mäße	gemessen
mögen …かもしれない	ich du er	mag magst mag	mochte	möchte	gemocht (mögen)
müssen …ねばならない	ich du er	muss musst muss	musste	müsste	gemusst (müssen)
nehmen 取る	du er	nimmst nimmt	nahm	nähme	genommen
nennen …と呼ぶ			nannte	nennte	genannt

不定詞		直説法現在	過去基本形	接続法第Ⅱ式	過去分詞
raten 助言する	du er	rätst rät	riet	riete	**geraten**
reißen 引きちぎる	du er	reißt reißt	riss	risse	**gerissen**
reiten (馬で) 行く			ritt	ritte	**geritten**
rennen 走る			rannte	rennte	**gerannt**
rufen 叫ぶ、呼ぶ			rief	riefe	**gerufen**
schaffen 創造する			schuf	schüfe	**geschaffen**
scheinen 輝く、思われる			schien	schiene	**geschienen**
schieben 押す			schob	schöbe	**geschoben**
schießen 撃つ			schoss	schösse	**geschossen**
schlafen 眠っている	du er	schläfst schläft	schlief	schliefe	**geschlafen**
schlagen 打つ	du er	schlägst schlägt	schlug	schlüge	**geschlagen**
schließen 閉じる			schloss	schlösse	**geschlossen**
schmelzen 溶ける	du er	schmilzt schmilzt	schmolz	schmölze	**geschmolzen**
schneiden 切る			schnitt	schnitte	**geschnitten**
schreiben 書く			schrieb	schriebe	**geschrieben**
schreien 叫ぶ			schrie	schrie	**geschrien**
schweigen 沈黙する			schwieg	schwiege	**geschwiegen**
schwimmen 泳ぐ			schwamm	schwömme	**geschwommen**
schwinden 消える			schwand	schwände	**geschwunden**

主要不規則動詞変化表

不定詞		直説法現在	過去基本形	接続法第Ⅱ式	過去分詞
sehen 見る	*du* *er*	siehst sieht	sah	sähe	**gesehen**
sein …である	*ich* *du* *er* *wir* *ihr* *sie*	bin bist ist sind seid sind	war	wäre	**gewesen**
senden 送る (、放送する)			sandte/ sendete	sendete	**gesandt/ gesendet**
singen 歌う			sang	sänge	**gesungen**
sinken 沈む			sank	sänke	**gesunken**
sitzen 座っている	*du* *er*	sitzt sitzt	saß	säße	**gesessen**
sollen …すべきである	*ich* *du* *er*	soll sollst soll	sollte	sollte	**gesollt (sollen)**
sprechen 話す	*du* *er*	sprichst spricht	sprach	spräche	**gesprochen**
springen 跳ぶ			sprang	spränge	**gesprungen**
stechen 刺す	*du* *er*	stichst sticht	stach	stäche	**gestochen**
stehen 立っている			stand	stände/ stünde	**gestanden**
stehlen 盗む	*du* *er*	stiehlst stiehlt	stahl	stähle/ stöhle	**gestohlen**
steigen 登る			stieg	stiege	**gestiegen**
sterben 死ぬ	*du* *er*	stirbst stirbt	starb	stürbe	**gestorben**
stoßen 突く	*du* *er*	stößt stößt	stieß	stieße	**gestoßen**
streichen なでる			strich	striche	**gestrichen**
streiten 争う			stritt	stritte	**gestritten**

不定詞	直説法現在		過去基本形	接続法第Ⅱ式	過去分詞
tragen 運ぶ	*du* *er*	trägst trägt	**trug**	trüge	**getragen**
treffen 当たる、会う	*du* *er*	triffst trifft	**traf**	träfe	**getroffen**
treiben 追う			**trieb**	triebe	**getrieben**
treten 歩む、踏む	*du* *er*	trittst tritt	**trat**	träte	**getreten**
trinken 飲む			**trank**	tränke	**getrunken**
tun する	*ich* *du* *er*	tue tust tut	**tat**	täte	**getan**
vergessen 忘れる	*du* *er*	vergisst vergisst	**vergaß**	vergäße	**vergessen**
verlieren 失う			**verlor**	verlöre	**verloren**
wachsen 成長する	*du* *er*	wächst wächst	**wuchs**	wüchse	**gewachsen**
waschen 洗う	*du* *er*	wäschst wäscht	**wusch**	wüsche	**gewaschen**
wenden 向ける (、裏返す)			**wandte/ wendete**	wendete	**gewandt/ gewendet**
werben 得ようと努める	*du* *er*	wirbst wirbt	**warb**	würbe	**geworben**
werden …になる	*du* *er*	wirst wird	**wurde**	würde	**geworden (worden)**
werfen 投げる	*du* *er*	wirfst wirft	**warf**	würfe	**geworfen**
wissen 知る	*ich* *du* *er*	weiß weißt weiß	**wusste**	wüsste	**gewusst**
wollen …しようと思う	*ich* *du* *er*	will willst will	**wollte**	wollte	**gewollt (wollen)**
ziehen 引く、移動する			**zog**	zöge	**gezogen**
zwingen 強要する			**zwang**	zwänge	**gezwungen**

つながるドイツ語みっとりーベ

© 2019 年 1 月 30 日　初版発行
2024 年 3 月 1 日　第 6 刷発行

検印
省略

著者　　　　　　　　　　　　　　　　中村　修
　　　　　　　　　　　　　　　　　　中川拓哉
　　　　　　　　　　　　　　　　　　大澤タカコ

発行者　　　　　　　　　　　　　　　原　雅久
発行所　　　　　　　　　　　株式会社　朝日出版社
　　　　　　　　　101-0065　東京都千代田区西神田 3-3-5
　　　　　　　　　　　　　　電話　03-3239-0271/72
　　　　　　　　　　　　　　振替口座　00140-2-46008
　　　　　　　　　　　　　　http://www.asahipress.com/
　　　　　　　　　　DTP/ メディアアート　印刷 / 図書印刷

乱丁、落丁本はお取り替えいたします。
ISBN978-4-255-25421-0 C1084

本書の一部あるいは全部を無断で複写複製（撮影・デジタル化を含む）及び転載することは、法律上で認められた場合を除き、禁じられています。